Die Zauber von Rügen

John Barns

John Barns

Die Zauber von Rügen

Geheimnisvolle Geschichten und verwunschene Orte der Insel

DeBehr

Herausgeber: Verlag DeBehr, Radeberg
Erstauflage: 2021
ISBN: 9783957538826

Alle Handlungen und Namen sind frei erfunden, die Orte jedoch gibt es hier auf der Insel Rügen. Für die namentliche Nennung der Plätze des Geschehens wurde das Einverständnis der Eigentümer bzw. Betreiber eingeholt.

Inhalt

Vorwort

Rügen, allein bei der Nennung dieses einen Wortes bekommen viele Sehnsucht. Endlich wieder Urlaub, endlich wieder Mensch sein, endlich dem täglichen Moloch des Alltags für einige Zeit entfliehen. Rügen, die Sonneninsel, hat sich längst zu einem der beliebtesten Urlaubsziele in Deutschland entwickelt. Millionen von Besucher bestätigen das Jahr für Jahr aufs Neue. Hier kann alles passieren und oft ist es einer der Gründe, warum die vielen hierherkommen. Für ein paar Tage oder auch Wochen die Welt vergessen. Egal ob in der Luxusunterkunft in den bekannten Seebädern oder als ganz normaler Tourist in einem der vielen Feriencamps der Insel. Hier wird jeder seinen Lieblingsort schnell finden.

Ich selbst bin einen Schritt weitergegangen und lebe auf der Insel. Hier habe ich nach jahrelangem Suchen eine neue Heimat gefunden. Ja, ich liebe meine Insel und bin oft hier unterwegs. Dabei schaue ich gerne genauer hin und mache mir meine Gedanken über die Menschen.
Aus diesen Gedanken entstand dieses Buch. Es sind Geschichten, die mich bewegen und berühren, Orte, die mich immer wieder begeistern. Hier fand ich jene Ideen, die ich zunächst nur in Gedanken hatte. Geschichten rund um das Leben und die Liebe. Manchmal etwas nachdenklich, manchmal sehr fröhlich, aber immer mit einem Bezug auf die Insel. Die Geschichten mögen teilweise märchenhaft sein, doch die Spielorte sind es nicht. Sie bilden die Kulisse für meine Protagonisten. Hier lasse ich sie aus meinen Gedanken real werden und berichten. Daher wünsche ich Ihnen und euch viel Freude mit ihnen.
Euer
John Barns

Ein geschenktes Leben

Peter und Petra waren schon älter. Vor einigen Jahren hatten sie sich im Internet kennengelernt. Ohne voneinander zu wissen, befanden sich beide in einer tiefen Lebenskrise. Er lebte in der Nähe von Lüneburg, während sie ihr Leben in der Eifel verbrachte. Er lebte seit Kurzem in einer neuen Partnerschaft, die sich rasch als Fehler herausstellen sollte, während sie sich von ihrem langjährigen Freund getrennt hatte. Eigentlich wären sie niemals zusammengekommen, da sie nichts, aber auch gar nichts miteinander verband. Per Zufall waren beide an demselben Tag im Internet auf Facebook unterwegs gewesen. Während sie nach neuen Bekannten aus ihrer Nähe suchte, pflegte er die Kontakte zu alten Freunden. Der Zufall wollte es, dass sie ausgerechnet auf seine Seite kam. Rasch fand sie Interesse an dem, was er geschrieben hatte und so beschloss sie, ihn anzuschreiben. Schon nach wenigen Minuten erhielte sie Antwort und so begann ein Gespräch, das sie letztendlich zusammenführte. Peter trennte sich von seiner Freundin, und da sie beide das Meer liebten, fanden sich die beiden bald auf der Insel Rügen wieder. Hier lebten sie eigenständig und doch zutiefst verbunden.

Die Jahre vergingen und es blieb nicht aus, dass sich das Paar trotz des Alters immer tiefer ineinander verliebte. Oft verbrachten sie viele Stunden an den Stränden. An einem dieser Tage sprach sie einen Gedanken aus, der sie schon seit Langem bewegte.

„Ach, mein liebster Peter, wie gerne hätte ich dich schon dreißig Jahre früher kennengelernt.“ Er sah sie liebevoll an und nickte zustimmend.

„Ja, das wäre schön gewesen, und ich bin mir sicher, dass wir heute noch immer glücklich verheiratet wären, denn ich liebe dich so sehr, dass ich mir wünschen würde, noch viele Jahr-

zehnte an deiner Seite zu leben." Seine Worte berührten ihr Herz zutiefst, und mochte das Alter ihre gemeinsame verbleibende Zeit auch begrenzen, so waren sie sich einig, dass sie alles daran setzen würden, um sie zu genießen.
Wenige Meter von ihnen entfernt lag ein weiteres, älteres Paar in der Sonne und hatte ihre wehmütigen Worte mitbekommen. Liebe im Alter, gemeinsam den Weg zu gehen, was konnte es Schöneres geben? Unbewusst lauschte das Paar den Worten von Peter und Petra weiter:
„Wie würden wohl unsere gemeinsamen Kinder aussehen, wie wäre unser Leben verlaufen", sinnierte er.
„Es wären sicher sehr schöne Kinder mit meinem Aussehen und deiner Intelligenz", entgegnete sie, während sie sich noch fester an ihn kuschelte. Er lachte sie liebevoll an.
„Umgekehrt wäre es mir auch recht", stellte er fest. „Aber leider können wir die Zeit nicht zurückdrehen und noch einmal von vorn anfangen", sprach er voller Wehmut. So philosophierten die beiden weiter und bekamen nicht mit, dass ihr Gespräch weiter belauscht wurde. Das unbekannte Paar aus der Nähe sah sich wissend an. Sie lächelte ihrem Partner zu. Ohne Worte schien er zu wissen, was sie sagen wollte. Das konnte man ja nicht länger mit ansehen. Sie, die unbekannte Frau, erhob sich und ging auf Peter und Petra zu.
„Entschuldigt bitte, aber ich habe mitbekommen, worüber ihr beiden nachgedacht habt, wie es wäre, wenn ihr euch viel früher kennengelernt hättet." Petra sah die Unbekannte erstaunt an.
„Das waren nur ein paar Gedanken, die nicht für fremde Ohren bestimmt waren", gab sie zu. „Daher bitte ich darum, dass du sie schnell vergisst."
„Wieso vergessen? Ich finde es schön, wenn du darüber nachdenkst, und wer weiß, vielleicht gibt es ja einen Weg, dass dein Traum wahr wird." Petra sah die unbekannte Frau fragend an.

Was meinte sie damit?
„Was wäre, wenn es eine Möglichkeit gäbe, dass du deinen Partner wirklich vor dreißig Jahren kennengelernt hättest. Damals als ihr beiden noch viel jünger wart. Was wäre, wenn es eine Macht gäbe, die diesen wunderbaren Wunsch erfüllen könnte. Was wäre, wenn du diesen einen Wunsch freihättest?"
Petra spürte, dass die Worte der Unbekannten sehr ernst waren. War das wirklich ihr größter Wunsch? Ja, ja und nochmals ja schrie es regelrecht aus ihrem Herzen. Wie wäre Peter vor dreißig Jahren gewesen. Aus seinen Berichten und von Fotos wusste sie, dass er damals ein sehr gut aussehender Mann gewesen sein musste. Das Leben aber hatte ihn seitdem gezeichnet und seine Spuren hinterlassen. Dennoch liebte sie ihn auch jetzt noch mehr, als sie sich jemals hätte vorstellen können. Es war das große Wunder des Lebens, oder sollte man besser sagen, das Schicksal selbst, das sie zusammengeführt hatte. Auch sie war vor dreißig Jahre eine völlig andere Frau gewesen. Schlank und sehr attraktiv hatten sich die Männer reihenweise in sie verliebt. Leider war ihr Leben anders verlaufen, als sie sich es gewünscht hatte. Es schien ihr, als ob ihre Liebe zu Peter eine Entschädigung, für all das Leid und die Trauer in ihrem Leben war, so als ob das Schicksal sich bei ihr dafür entschuldigen würde. Was aber hatte das mit der Begegnung hier und jetzt am Strand zu tun? Stellte ihr gerade das Leben die entscheidende Frage, ob sich das Leben gelohnt hat? War die Begegnung mit der unbekannten Frau vielleicht gar kein Zufall? Petra spürte instinktiv, dass der heutige Tag ihr Leben erneut verändern würde. Noch während sie überlegte, war der Partner der Unbekannten hinzugetreten.
„Ist es wirklich dein größter Wunsch, deinen Partner dreißig Jahre früher kennenzulernen?", fragte auch er sie.
„Ja das wäre es", gab Petra zu. „Es wäre mein Traum und mein größter Wunsch. Aber wer glaubt schon an Träume?"Das un-

bekannte Paar sah sich an, während Peter hinzukam.
„Schließt bitte beide die Augen, denn euer Wunsch soll sich erfüllen“, sprach der Unbekannte. Auch wenn Petra und Peter zunächst zögerten, kamen sie dem Wunsch des Unbekannten nach. Kaum hatte sie die Augen geschlossen, als sie spürten, dass sie sich, wie von Geisterhand vom Boden erhoben. Ihr Körper schien in die Unendlichkeit aufzusteigen und sich dabei aufzulösen. Nur ihr Bewusstsein blieb erhalten und so fanden sie sich bald in einem weißen Raum ohne jede Begrenzung wieder. Sie sahen sich an und stellten fest, dass sie beide in gleißendes Weiß gehüllt waren. Was hatte das zu bedeuten? War das nur der gemeinsame Traum ihres größten Wunsches, oder war es real? Verunsichert und voller Staunen nahmen sie ihre Eindrücke auf. Sie schienen körperlos zu sein und allein ihre Seelen schienen noch zu existieren. Hatte sie etwa plötzlich der Tod ereilt, und sie gemeinsam an jenen Ort gebracht, von dem man sagte, dass hier das ewige Glück und die ewige Liebe lebte? Sie sahen sich liebevoll an. So also fühlte es sich an, dieses Glück, das nie enden würde, jene Liebe, die jede Zeit überdauerte. Waren sie am Ziel ihrer tiefsten Sehnsüchte angekommen? Es schien so, denn die Zeit hatte jede Bedeutung verloren.
„Dies ist der Ort, den ihr euch gewünscht habt“, hörten sie zwei sanfte, zärtliche Stimmen aus dem Nichts. „Genießt den Tanz eurer Seelen, solange er dauert. Genießt das Gefühl tiefster Zuneigung, das wir in euren Herzen gesehen haben.“
„Wer seid ihr?“, fragte Peter und sah sich um.
„Wir sind alles und noch mehr. Wir sind das Paar der Zeit und doch kennen wir keine Zeit. Wir haben tausende von Namen und zugleich keinen. Wir sind vom Anbeginn der Zeit und werden sein bis zum Ende aller Zeit. Wir haben gesehen und weil ihr es euch so sehr wünscht, euer Leben noch einmal zu leben, haben wir beschlossen, euch ein Leben neu zu schenken.

Lebt euer Leben, bis es an der Zeit ist, zurückzukehren in die Ewigkeit.“
Kaum hatten die Stimmen geendet, als das Paar von einem Sog erfasst wurde. Nach wenigen Minuten spürten sie, wie sie sich in den Hüllen ihrer Körper wiederfanden.
„Öffnet nun die Augen und seht selbst“, wünschten die Stimmen. Peter zögerte, denn zu sehr hoffte er, dass sein Traum nicht endete. Nur unwillig kam er dem Wunsch nach und als er Petra ansah, wunderte er sich sehr. War das wirklich sie? Ihr Körper schien um Jahre verjüngt zu sein. Ihr langes, weißblondes Haar war verschwunden und durch tief dunkles Haar ersetzt worden. Die Spuren des Alters waren verschwunden und er spürte, wie er wieder jene Vitalität besaß wie einst vor dreißig Jahren.
Derweil hatte auch Petra ihre Augen geöffnet und sah ihn ebenso erstaunt und verwundert an. Was war das denn? Sie sah seinen jugendlichen Körper, der voller Leben war. So hatte sie ihn sich immer vorgestellt, aber wie konnte das sein? Als sie in seine Augen sah, vergaß sie ihre Frage, denn sie spürte jenen einzigartigen Blick, der voller Liebe war und sich wie ein heißer Strahl in ihr Herz brannte. Noch nie hatte sie sich so gefühlt. Tränen der Rührung und unbeschreiblichen Freude schossen ihr in die Augen. Das war also jener Peter aus ihren Träumen. Leibhaftig und real stand er hier vor ihr. Sie traute sich kaum, sich zu rühren, aus Angst, der Traum würde zerstört und sich in Nichts auflösen. Da sie nicht den ersten Schritt tat, übernahm er die Initiative. Als sie seine Hände umschlangen und er sie liebevoll und innig küsste, wusste sie, dass es kein Traum war.
„Danke“, sprach sie aus tiefstem Herzen und sah sich um, doch das unbekannte Paar war verschwunden.
„Lebt euer Leben und eure Liebe“ hörte sie die vertraute Stimme in sich. In der nächsten Zeit zeigte sich, dass es eine

Liebe war, die jedes Hindernis überwand. Peter und Petra wurden ein festes Paar, dem man ansah, dass es die Liebe ihres Lebens gefunden hatte. Jedoch gab es ein Problem, denn niemand wollte ihnen glauben, dass sie weit über sechzig Jahre alt waren, denn ihr äußeres Erscheinungsbild täuschte jeden, der sie sah. Wenn sie von der wundersamen Begegnung berichteten, glaubte ihnen niemand, denn so etwas Verrücktes konnte und durfte es nicht geben. So verzichtete das Paar schon bald darauf, über jenen Tag zu berichten, an dem ihnen ein neues Leben geschenkt wurde. Noch heute leben Peter und Petra auf der Insel. Ihre Liebe erlosch nicht eine Sekunde, denn wer ein solches Wunder erleben durfte, weiß wie wertvoll das Leben wirklich sein kann. Inzwischen ist das Paar eine Legende und ein Mythos zugleich. Mögen sie beide noch lange so leben und ihre Liebe genießen.

Eine Kerze am Strand

Rudolf und Renate fahren schon seit vielen Jahren ans Meer. Der Blick hinaus in die Weite, die Stille einsamer Strände und das Gefühl, die Sorgen des Alltags hinter sich zu lassen, mögen einige Gründe hierfür sein. Der Wichtigste aber sind ihre Kerzen am Strand.

Bis vor wenigen Jahren kannten sich die beiden nicht. Sie machte regelmäßig Urlaub in Glowe, während er stets in dem kleinen Fischerdorf Vitt, nahe dem Kap Arkona auf Rügen seine Unterkunft hatte. Hier fühlte er sich wohl, denn die sprichwörtliche Gemütlichkeit und die herzliche Aufnahme durch die Bewohner des Ortes gaben ihm das Gefühl, an einem Ort zu leben, wo er willkommen war. Jedes Mal, wenn er am Ende seines Urlaubs die Insel über die Rügenbrücke verließ, überkam ihn das Gefühl, dass etwas von ihm auf der Insel blieb. Sicher, Vitt war nicht gerade der typische Touristenort, der für seine Sandstrände bekannt war. Dafür aber boten das Umfeld wie die Orte Puttgarten und das Kap Arkona nebst der Weite der Wittower Halbinsel jene Ruhe, die er so sehr schätzte.

Renates Gründe, auf die Insel zu kommen, waren etwas anders. In ihrem Job als Sekretärin war sie ständig unter Stress und war daher froh, wenn sie im Urlaub etwas anderes hatte. Zugleich wollte sie auf einen gewissen Luxus nicht verzichten. Als sie erstmals auf die Insel Rügen kam, hatte sie ihr Quartier im Ostseebad Binz, in einer der historischen Bädervillen gebucht. Rasch aber stellte sie fest, dass sie hier nicht fand, was sie tief in ihrem Unterbewusstsein suchte. Sicher, Binz bot ihr im Sommer alles, was sie sich wünschte, doch etwas fehlte. Was es war, konnte sie sich nicht erklären. Es waren sicher nicht die sagenhaften Strände, oder die während der warmen Monate vom Leben erfüllte Promenade.

Auch nicht das Umland hier am Rande des Mönchguts. Es war etwas, das für sie den Inbegriff des wahren Rügenurlaubs ausmachte, doch egal, wie sehr sie auch nachdachte, sie fand es nicht. Zwar war ihr erster Urlaub auf der Insel sehr erholsam gewesen und sie beschloss, auch in den kommenden Jahren hier ihre wertvollsten Tage zu verbringen, doch sicher nicht in Binz. Es musste etwas geben, was sie tief im Unterbewusstsein suchte. Im Jahr darauf hatte sie Sellin als Urlaubsort gewählt, da man dem Ort nachsagte, dass er neben Binz zu den schönsten Bädern der Insel gehörte. Das stimmte insoweit, da Sellin über eine der schönsten Seebrücken an der ganzen Ostseeküste verfügt. Hier verbrachte sie gerne ihre Zeit bei einem guten Essen oder auch mal auf einen Kaffee am Nachmittag. Auch lud das Ambiente des Ortes zum Verweilen ein und doch war es nicht das, was sie im Grunde suchte. So hatte sie sich in dem besagten Urlaub auf der Insel umgesehen.

Sie war nach Saßnitz gefahren und von dort zum Strand mit seiner Kreideküste gegangen, hatte im Restaurant „Kutterfisch" die herrlichen Fischgerichte genossen und auch dem Königsstuhl einen Besuch abgestattet. All diese Orte waren zwar wunderschön, doch noch immer hatte sie nicht den Ort ihrer stillen Sehnsucht gefunden.

„Was ist los mit dir, Renate, was suchst du wirklich?“, fragte sie sich immer wieder. Sie fand keine Antwort auf die Frage. So erkundete sie die Insel weiter. Sie sah sich die weiße Stadt Putbus an und verbrachte erholsame Stunden im dortigen Theater. Sie fuhr mit dem Schiff zur Insel Hiddensee, wo sie es sich am Weststrand der Insel gut gehen ließ. Doch so schön es dort auch war, noch immer fand sie nicht jene Erfüllung, die sie suchte. Auf ihrem Streifzug über die Insel kam sie letztendlich nach Glowe und plötzlich schien es ihr, als würde sie hier finden, was sie suchte. Da sie den ganzen Tag unterwegs gewesen war, spürte sie eine gewisse Erschöpfung. Statt daher nach Sellin, in ihre Ferienwohnung, zurückzufahren, beschloss sie spontan, hier für eine Nacht zu bleiben. Zwar waren auch die wenigen Hotels des Ortes gut belegt, doch hatte sie das Glück, noch ein Zimmer in Strandnähe zu bekommen.
Nachdem sie sich einige Stunden auf ihrem Zimmer erholt hatte, beschloss Renate, zum Strand zu gehen. Hier, am Strand der Schaabe, fand sie eine Weitläufigkeit, die sie nicht erwartet hatte. Zwar sah sie auf der Karte, dass der Sandstrand bis Juliusruh reichte, doch unterschätzte sie die wahre Entfernung. Statt lange dort entlang zu gehen, hatte sie sich einfach in den Sand gesetzt und blickte von dort aus über die langgezogene Bucht bis zum Kap Arkona. Sie spürte, dass es hier irgendetwas gab, was sie nicht kannte. Sie war sich aber sicher, dass es nicht der Strand oder der Ort selbst war. Die Dämmerung brach herein und Renate sah das Leuchtfeuer des Leuchtturms von Kap Arkona.

Am selben Abend hatte Rudolf beschlossen, sich zum Strand von Vitt zu begeben. Von hier aus konnte man ja bequem an der Wasserlinie entlang zum Kap gehen, was er schon des Öfteren getan hatte. Diese Begebenheit wäre einer Erwähnung nicht wert, wenn er nicht ausgerechnet an diesem Abend das Gefühl gehabt hätte, das sich wie eine stille Sehnsucht anfühlte. Er konnte es sich nicht erklären und auch nicht, warum er grundlos eine große Kerze mitnahm. Auf halbem Wege zum Kap hatte er angehalten und sie entzündet. Da es an diesem Abend windstill war, brannte die Flamme ruhig. Er hatte sich hingesetzt und begann, über die Bucht zu sehen. In der Ferne, so wusste er, lag der Ort Glowe, der die Grenze der Schaabe markierte. Er sah hinaus und dachte nach. Würde man den Schein der Kerze wohl bis dorthin sehen und wenn ja, würde ihn jemand bemerken?

Renate hatte die Zeit vergessen und wollte schon ins Hotel zurückkehren, als sie plötzlich einen kleinen Lichtpunkt in der Nähe des Kaps wahrnahm. Sie sah irritiert hin und spürte plötzlich ein Ziehen am Herzen. Was hatte dieses kleine Licht zu bedeuten und wie konnte es sein, dass sich der unbedeutende Lichtpunkt wie ein heißes Feuer in ihr Herz brannte? Sie unterbrach ihr Vorhaben, den Strand zu verlassen und blickte wie gebannt in die Richtung des Kaps. Stille Nachrichten, Worte geformt aus ihrem Herzen, überbrückten die Entfernung Würde die stumme Nachricht einen Empfänger finden? Warum darüber nachdenken, wenn es keinen Sinn machte.

Derweil schaute Rudolf noch immer in Richtung Glowe. Er spürte, wie seine Sehnsucht nach einem Menschen an seiner Seite erwachte und als ob das Meer zum Boten seiner stummen Botschaft wurde, schien es ihm, als erreichte ihn eine unbekannte Nachricht. Was sollte das denn plötzlich? Was war mit ihm los? Ungewollt nahm er die Kerze in die Hand und hob sie hoch? Warum er es tat, konnte er sich nie erklären. War es der

sprichwörtliche Wink des Schicksals, das ihn hierzu bewegte? Fernab sah Renate wie sich das Licht dort in der Ferne plötzlich bewegte. War das ein Zeichen? Hatte dort etwa jemand ihre Botschaft des Herzens verstanden? Wie sollte sie antworten? Sie überlegte. Zwar hatte sie keine Kerze zur Hand, doch ihr Handy verfügte über eine Taschenlampe. Es war verrückt, doch sie schaltete es ein und winkte zurück, in der Hoffnung, dass der oder die Unbekannte das Licht sah.
Rudolf sah erstaunt jenen kleinen Lichtpunkt aus Richtung Glowe und auch, dass er ihm regelrecht zuwinkte. Also hatte jemand den Schein seiner Kerze bemerkt. Wie aber sollte es nun weitergehen und warum spürte er eine unbekannte Wärme am Herzen? Was hatte das alles zu bedeuten? Er beschloss, ein Lichtzeichen zu senden und bewegte die Kerze in seiner Hand mit ausladenden Bewegungen. Wenn es dort jemanden gab, der wirklich den Schein seiner Kerze bemerkt hatte, würde er vielleicht antworten. Seine Vermutung bestätigte sich, als er die Bewegung sah. Nun war er sich sicher. Auch wenn er nicht um die Signale und Bedeutung seiner Handlung wusste, so hoffte er still, dass sie verstanden wurden. Die Zeit verrann und auch wenn die beiden nicht wussten, mit wem sie auf die ungewöhnliche Weise kommunizierten, so spürten beide die Sehnsucht. Irgendwann in dieser Nacht aber war die Kerze ausgebrannt und der Akku von ihrem Handy erschöpft. Die Lichter erloschen und Dunkelheit legte sich über die Bucht. War es nur eine zufällige Begebenheit, die keine Fortsetzung fand, oder der Beginn von etwas Neuem, etwas, das das Leben der beiden Unbekannten verändern sollte? Ohne dass die beiden es wussten, hatten sie denselben Gedanken. Das Schicksal übernahm die wunderbare Aufgabe zwei Herzen, die voller Sehnsucht nach Liebe waren, zusammenzuführen.
Kurzentschlossen buchte Renate einen weiteren Tag und eine Nacht im Hotel. Würde am folgenden Abend das Licht in der

Ferne wieder erscheinen, so beschloss sie, würde sie versuchen, den Verursacher hierfür zu treffen. Sie hoffte es so sehr und verbrachte den Rest der Nacht in einem Traum der Vorahnung. Der Tag brach an und sie hoffte, dass in der Nacht jenes unbekannte Licht wieder erschien. Den Tag über würde sie am Strand verbringen, denn ihr wurde klar, dass sie eine Antwort brauchte, bevor sie zurück nach Sellin fahren würde. So beschloss sie, ihn am Strand zu verbringen.

Rudolf erging es nicht viel anders. Kurz nachdem er in seine Ferienwohnung zurückgekehrt war und sich hingelegt hatte, fand er sich in einem Traum wieder. Eine unbekannte Frau, deren Gesicht verhüllt war, befand sich an seiner Seite. Er spürte jenes Gefühl, das man erlebt, wenn man verliebt ist und etwas Neues beginnt. Er durchlebte Tage und Stunden voller Zärtlichkeit und hoffte, der Traum würde nicht enden. Würde sein Traum wahr werden? Als er am Morgen, erschöpft von den Eindrücken des Traumes, erwachte, beschloss er, den Tag hier am Strand zu verbringen und sobald es dunkel war seine Kerze der Sehnsucht zu entzünden, in der Hoffnung, dass sie bemerkt wurde. Vielleicht sollte er mal wieder ein Buch in die Hand nehmen und etwas lesen. Mit diesen Gedanken nahm er sich etwas von seiner Reiselektüre und setzte sein Vorhaben um.

Renate hatte es sich derweil in einem Strandkorb des Hotels bequem gemacht. Spontan hatte sie sich etwas zu lesen besorgt, um so die Zeit bis zum Abend hin zu überbrücken. Wie immer wenn sie an den Strand ging, hatte sie ihre Handtasche dabei, in der sich auch ihre Schminksachen befanden. Nachdem sie gut eine Stunde in der Wärme verbracht und gelesen hatte, beschloss sie spontan, ihre Lippen neu zu schminken. Sie nahm hierzu ihren Lippenstift und den kleinen Spiegel zur Hand. Noch während sie so ihr Vorhaben umsetzte, fiel ein Lichtstrahl der Sonne auf den kleinen Spiegel und wurde reflektiert. Diesen Umstand nutzte das Schicksal, denn in dem Moment hatte

Rudolf für einen Moment sein Buch aus der Hand gelegt und in Richtung Glowe geschaut. Mochte der Widerschein des Spiegels noch so klein sein, so bemerkte er ihn augenblicklich. Er sah verblüfft hin. War das ein Signal derselben Person von heute Nacht? Fest stand, es kam zumindest aus derselben Richtung. Das konnte kein Zufall sein. War es ein bewusster oder eher zufälliger Lichtstrahl? Wie sollte er antworten, da er doch kein Signal senden konnte? Er sah sich um doch außer etwas glänzender Aluminiumfolie, das von den Wellen an den Strand gespült worden war, fand er nichts Verwertbares. Würde dieses bisschen Strandgut reichen, das Signal zu erwidern und würde die unbekannte Person erkennen, dass er es war? So unwahrscheinlich die Möglichkeit auch war, er beschloss, es zumindest zu versuchen. So hob er das Stück glänzender Folie auf und hielt es in die Sonne.

Wieder griff das Schicksal ins Leben der beiden Unbekannten ein, denn Renate schaute in diesem Moment hoch und sah das kleine Licht aus Richtung Vitt. Auch sie war völlig irritiert und dennoch schien es ihr, als ob dieses Lichtzeichen bewusst für sie bestimmt war. Sie nahm ihren Spiegel und begann ihn zu bewegen. Binnen Sekunden erhielt sie die gewünschte Reaktion. Nun gab es für sie kein Halten mehr. Warum bis zur Nacht warten, wenn sich schon jetzt die Gelegenheit ergab. Sie begab sich zur Wasserlinie und ging raschen Schrittes am Strand entlang, wobei sie immer wieder mit dem Spiegel Signale sendete. Mehr als zehn Kilometer entfernt bemerkte Rudolf, wie sich das Licht bewegte.

Zwar war der Weg am Strand bis nach Juliusruh recht steinig und mit grobem Kies an vielen Stellen übersät, doch das störte ihn ebenso wenig wie die Aussicht, auf eine Person zu treffen, die nicht seiner stillen Hoffnung entsprach.

Er brauchte und wollte eine Antwort, denn schlimmer als jede Enttäuschung wäre die Ungewissheit. So schnell er konnte, begab er sich auf den Weg, wobei er ständig mit der Folie, wie sie, Signale sendete. Der Weg zum Glück begann.
Renate bemerkte, dass ihr Signal erkannt wurde und der oder die Unbekannte ihr Vorhaben erkannt hatte. Egal, was bei einem Treffen herauskam, einzig allein die Aussicht, ein kleines Abenteuer erlebt zu haben, spornten sie an, ihren Weg weiter zu gehen. Da sie sie hier am Sandstrand gut gehen konnte, würde sie wohl die längere Wegstrecke zurückgelegt haben, was ihr aber egal war. Sie würde immerhin eine Antwort bekommen. Nach fast einer Stunde erreichte sie den Strand in

Juliusruh. In der ganzen Zeit hatte sie Lichtsignale gesendet, die erwidert wurden. Je kürzer die Distanz zur unbekannten Person wurde, umso heftiger schlug ihr Herz. Hätte sie gewusst, dass der Unbekannte in ihrem zukünftigen Leben eine wichtige Rolle spielte, sie wäre vermutlich gerannt. Inzwischen hatten sich die beiden soweit genähert, dass es keiner Signale mehr bedurfte, denn die Konturen ihrer Körper wurden sichtbar. Waren es zunächst nur Umrisse, so wurden sie von Meter zu Meter deutlicher.

Als Rudolf bemerkte, dass die unbekannte Person eine Frau war, war er sehr erleichtert. Er hoffte, dass er sich mit ihr verstand und dass er ihr sympathisch war. Vielleicht, so seine Überlegung, würde sich zumindest ein Urlaubsflirt daraus entwickeln. Dass das Schicksal weit mehr plante, ahnten beide nicht. Inzwischen hatten sie sich soweit genähert, dass Handzeichen ausreichten, um sich zu verständigen. Dann endlich standen sie voreinander. Rudolf sah Renate an und sie ihn. Das Schicksal holte zum entscheidenden Schlag aus.

„Hallo!“, begrüßte er sie freundlich. „Sind sie die Unbekannte von heute Nacht, die das Licht meiner Kerze gesehen hat?“

„Wenn sie das Licht meines Handys gesehen haben dann ja.“

Sie lachten beide lauthals, denn ihnen war sofort klar, dass sie nun eine Antwort gefunden hatten. Beide spürten, wie sich jenes Gefühl der Sehnsucht in ein Gefühl er Hoffnung verwandelte. Er fand sie und sie ihn sehr sympathisch.

„Darf ich Sie auf einen Kaffee hier im Strandhotel einladen?“, bot er ihr an.

„Da sage ich nicht nein“, erwiderte sie. Gemeinsam und noch immer zögerlich begaben sie sich auf die Terrasse des Hotels. Rasch kam ein Kellner herbei und nahm ihre Bestellung auf. Bis ihr Kaffee serviert wurde, musterten sie sich, ohne groß zu sprechen. Erst danach begann jenes zunächst unverfängliche Kennenlernen. Aus der Oberflächlichkeit entwickelte sich im

Laufe der Stunden ein sehr intensives Gespräch. Die Zeit raste dahin und als es an der Zeit war, aufzubrechen, stand nur noch eine Frage im Raum. Würde man sich wiedersehen? Ihre Herzen hatten längst die Entscheidung getroffen.

Aus jenem Tag sollte sich recht bald mehr als nur ein Urlaubsflirt entwickeln. Den Rest ihres Urlaubs verbrachten die beiden, wann immer es ging, zusammen und als es hieß, Abschied zu nehmen, war beiden klar, dass man sich auch im Alltag wieder begegnen würde. Aus den beiden Unbekannten wurde ein Liebespaar. Nie vergaßen sie, wie sie sich kennengelernt hatten. Wann immer sie auf Rügen weilten, sah man ein Kerzenlicht am Strand der Schaabe. So ist es bis heute geblieben: ein Licht in der Nacht am Strand.

Der Vagabund

Seit Tagen spürte Emil, das es an der Zeit war, sich wieder auf den Weg zu machen. Seit er im Spätherbst hierher in sein Winterquartier im Süden unseres Landes gekommen war, spürte er, dass er seine langen Wanderungen quer durch Europa nicht mehr so oft machen konnte. Das Alter forderte langsam aber immer deutlicher seinen Tribut. Er war jetzt Anfang fünfzig und sein Traum, endlich anzukommen, hatte sich bisher nicht erfüllt. Würde er überhaupt jemals jenen Platz finden, an dem seine Wanderung ein Ende hat, einen Ort, an dem er endlich zur Ruhe kam? Wie oft hatte er schon geglaubt, endlich angekommen zu sein, jedoch nur, um festzustellen, dass es ein Trugschluss war.
Der Grund hierfür war, dass er jemanden kennengelernt hatte, von dem er glaubte, dass sie ihm jene Konstanz geben würde, die er so sehr ersehnte. Am Anfang schien sich sein Traum zu

erfüllen, denn er fühlte sich endlich so angenommen, wie er war. Dass es anders kam, spürte er bereits nach wenigen Monaten, da sie versuchte, ihn zu verändern. Es begann zunächst ganz harmlos, indem sie ihn bat, doch mehr auf sein Äußeres zu achten. Um ihr zu gefallen, kam er ihrem Wunsch nach, was sich zunächst positiv auf ihre Beziehung auswirkte. Er veränderte sich äußerlich immer mehr, doch nur um irgendwann festzustellen, dass sich diese Veränderung auch auf sein Inneres auswirkte. Er war nun nicht mehr jener Mann, den sie geliebt hatte. Seine positiven Eigenarten verflogen und unmerklich wurde er unruhig. Im Winter unterdrückte er dieses Gefühl noch, doch mit den ersten wärmenden Sonnenstrahlen spürte er wieder den Drang nach Freiheit. Oft stand er am Fenster und schaute in den Himmel, wo er die heimkehrenden Zugvögel sah. War er nicht auch ein Zugvogel, ein Mensch, der wie sie sich auf den Weg in das Sommerquartier machte? Als sie ihn so sah, war ihr klar, dass sie ihn verlieren würde, denn sein sehnsüchtiger Blick sprach stumm von seinem Wunsch, sich wieder auf den Weg zu machen. Sie trat an ihn heran und sah ihm tief in die Augen.

„Wenn es dich hinauszieht in die Welt, dann musst du gehen", sprach sie traurig. Er sah sie an und bemerkte ihre Tränen. Er nickte stumm.
„Danke, dass du mich verstehst. Du weißt, ich mag dich sehr, doch noch ist mein Hunger nach Freiheit nicht gestillt. Selbst wenn ich möchte, so kann ich dem Drang nicht widerstehen. Ich muss einfach gehen." Sie sah ihm noch tiefer in die Augen und erkannte dort, wie tief diese Sehnsucht vorhanden war.
„Ich liebe dich und deshalb gehe und suche dein Glück. Vielleicht findest du es ja. Wisse, meine Türe ist immer für dich offen und du bist willkommen in meinem Armen und in meinem Herzen. Nur darum werde ich dich nicht festhalten, denn

dein Glück ist mir wichtiger als mein eigenes." Mit diesen Worten wendet sie sich ab und verließ den Raum. Emil verstand. So schnell er konnte, packte er seine wenigen Dinge zusammen und verließ das Haus, ohne sich von ihr zu verabschieden.

Kaum spürte er den Asphalt unter seinen Füßen, stellt er fest, dass es genau jenes Gefühl war, das er so lange vermisst hatte. Seine Schritte wurden sicherer und seine Augen suchten den

Horizont. So war es immer gewesen und so, wie es aussah, war genau das jenes Leben, das er so liebte. Eine Wanderung zum Horizont, den er nie erreichte. Das war sein Leben, sein Schicksal. Nie hatte er sich gefragt, wohin sein Weg führte, sondern er war dem inneren Gefühl gefolgt, das seinen Weg bestimmte. Auf diese Weise durchzog er das Land, immer auf der Suche nach jenem Ziel, nach jenem Horizont, der unerreichbar schien. Die Einsamkeit wurde sein bester Freund und sein Begleiter. Wenn er müde und erschöpft war, suchte er sich einen Platz, an dem er ausruhen und schlafen konnte. Jetzt mit dem Aufkommen der Wärme reichte ihm eine einfache Holzbank, oder wenn er in den Wäldern unterwegs war, das weiche Gras einer Waldlichtung. Hier in der Stille fand er seine Daseinsberechtigung und noch war er der Ansicht, dass dies sein Schicksal sein würde, solange er nur einen Fuß vor den anderen setzen konnte. Wenn er Hunger bekam, versorgte er sich aus dem, was ihm die Natur anbot. Beeren und andere Früchte, oder, falls er einen Spender fand, auch gerne mal ein Stück Fleisch. Das reichte ihm, um seine Kräfte zu erhalten. So, eng mit der Natur verbunden, brauchte er keinen Reichtum, denn die Natur war seine Heimat, die ihm alles gab, was er brauchte. Er vermisste eine feste Wohnung ebenso wenig wie jene Dinge, die andere Menschen für selbstverständlich hielten. Wozu ein Handy, wenn er es eh nie benutzen würde. Wozu ein Auto, wenn er es sich nicht leisten konnte. Er war eben ein ruheloser Vagabund, den es immer weiter trieb. Seine Heimat waren die wunderbaren Landschaften, an denen der moderne Mensch achtlos vorüberging, ohne hinzusehen, welche Wunder sie verbargen. Er aber sah genauer hin und erfreute sich an oft unscheinbaren Dingen. Mal war es eine Hütte im Wald, mal die Weite der Mittelgebirge, oder die Strände an den Küsten. Wenn ihm ein Platz besonders gefiel, verweilte er dort, doch nur so lange, bis es ihn wieder weiterzog.

In diesem Jahr aber bemerkte er, dass etwas anders war. Seit er sie verlassen hatte, spürte er, dass er etwas vermisste. Seine Gefühle zwischen Umkehr und Weitergehen spalteten ihn regelrecht. Wie gerne hätte er ihr gezeigt, was er auf seinem Weg sah. Wie gerne mit ihr jene Orte und Plätze besucht, die ihm wichtig waren, da sie sein Innerstes widerspiegelten, wie gerne ihr gezeigt, was sein Leben ausmachte. Ob sie verstehen würde, was er damit ausdrücken wollte? Diese Frage würde, nun da er sie verlassen hatte, niemals eine Antwort bekommen. Zwar hatte sie ihm versichert, dass sie ihn lieben würde, doch zugleich glaubte er, dass sie seine Art zu leben nicht verstand. Er hatte sich ja ihrem Leben angepasst und damit seine wahre Identität aufgegeben. Nie war es ihm in den Sinn gekommen, sie zu bitten, mit ihm auf Wanderschaft zu gehen, da er annahm, sie würde es ablehnen. Somit konnte sie auch nicht teilhaben an seiner Art von Leben. Dennoch vermisste er sie und genau das irritierte ihn. Hatte sie ihn bereits insoweit verändert, dass er seine geliebte Freiheit aufgeben würde? Doch war es überhaupt ein Aufgeben, oder vielmehr ein Geschenk, das ihm das Leben anbot? Je länger er darüber nachdachte, umso mehr vermisste er ihre Nähe. Dieses Gefühl, geliebt zu werden, die Wärme, wenn sie nachts an seiner Seite lag, der Duft ihrer Haut und ihr glücklicher Blick, wenn sie ihn ansah, all das vermisste er. Mochte die Natur ihm vieles geben, so fehlte doch genau jenes Puzzlestück, um seinem Leben den Sinn zu geben, das es vollkommen machte. Ohne dieses winzige Teil war sein Bild unvollständig. Während ihm so diese Gedanken durch den Kopf gingen, hatte die andere Hälfte von ihm längst erkannt, was wirklich zählte. Sein Blick war nun nicht mehr auf die ferne Linie, dort wo sich Erde und Himmel berührten, gerichtet, sondern auf jenen Ort, den er verlassen hatte. Unbewusst hatten seine Füße jenen Weg eingeschlagen, der ihn heimführte, zu ihr. Tage vergingen und je näher er sich ihrem Heim näherte, umso größer wurden Vorfreude, aber auch Zweifel an seinem Handeln. Was würde geschehen, wenn er vor ihrer Türe stand? Würde sie ihn wieder aufnehmen oder abweisen? Schließlich war er ja gegangen, weil ihn die Sehnsucht nach Freiheit von ihr fortgezogen hatte. Dann war es so weit. Er stand vor ihrer Türe. Noch zögerte er, die Klingel zu betätigen. War es die richtige Entscheidung? „Ja, ja, und nochmals ja", so schrie es laut in seinem Herzen. Er sollte nicht mehr zum Nachdenken kommen, denn sie war ihm zuvorgekommen und hatte die Türe geöffnet. Da stand sie wortlos und sah ihn nur an. Es bedurfte in diesem Moment, da sich sein Leben für immer veränderte, keines gesprochenen Wortes, da allein ihre Herzen sprachen. Er sah das Glück und die Tränen der Freude in ihren Augen. Er spürte, wie sein Herz einen riesigen Sprung machte. Ja, er liebte sie, das hatte er in diesem Moment verstanden und gab dies in einem Kuss zu verstehen, der nicht enden wollte. Sie umarmte ihn und schien ihn nicht mehr loslassen zu wollen. In diesem Moment größter Freude fand er, der Vagabund, den wahren Sinn seines Lebens. Doch ohne dieses letzte Aufbäumen hätte er wahrscheinlich nie verstanden, das es etwas gab, das ihm mehr bedeutete als alle Freiheiten, die er kannte. Er war angekommen und fand sein Glück hier in den Armen jener Frau, die ihm seine Freiheit geschenkt hatte, weil sie hoffte, dass er erkennen würde, dass er mit ihr eine Freiheit fand, die ihn befreite.

Die Zeit mit ihr wurde zur schönsten seines Lebens. Nichts zog ihm mehr fort von ihr, im Gegenteil. Ihre Liebe wuchs von Tag zu Tag, von Woche zu Woche, von Jahr zu Jahr, Ab und zu meldete sich das Gefühl, wieder hinauszugehen in die Natur, doch wenn es aufkam, bat er sie, mit ihm jene Plätze und Orte aufzusuchen, die er während seiner ruhelosen Zeit einst besucht hatte. Nur zu gerne kam sie seinem Wunsch nach und verstand, warum er einst diese Art zu leben so sehr geliebt hatte. Sie wurde ein Teil seiner Vergangenheit, auch wenn sie in der Gegenwart lebten und ihre gemeinsame Zukunft planten. Wenn er des Nachts hin und wieder in seinen Träumen allein unterwegs war, bedurfte es nur einer sanften Berührung ihrer Haut, um zu verstehen, dass Freiheit viele Arten kannte. Seine Art war eben sie an seiner Seite.

Stein der Hoffnung

Martina sammelte schon immer gerne Steine. Ihre Leidenschaft begann bereits als Kind. Inzwischen war sie längst über 40 und hatte vieles erlebt in ihrem Leben. Beziehungen kamen und gingen, Menschen wurden zu Bekannten und Freunden, doch oft nur, um letztendlich wieder in Vergessenheit zu geraten. Einzig allein ihre Steine blieben ihr treu. Ihre Sammlung wuchs und wuchs. Waren es zu Anfang nur wenige besondere Stücke gewesen, so umfasste sie inzwischen einen ganzen Raum. Zu jedem einzelnen Stein gab es eine eigene Geschichte und wenn sie jemanden fand, der sie verstand, berichtete sie davon. Andere hätten vermutlich nicht einen Stein ihrer Sammlung beachtet, denn es waren im Grunde eben nur einfache Steine, die sie irgendwo gefunden hatte. Ihre wenigen echten Freunde nannten sie gerne die steinreiche Martina. Sie tolerierten ihr Hobby, auch wenn sie es oft sehr schräg und außergewöhnlich fanden. Das änderte sich schlagartig im Sommer eines Jahres.

Da Martina Krankenschwester war, besuchte sie in der Klinik jene, für die es keine Hoffnung mehr gab. Oft fragte sie sich, warum das Schicksal ihnen so böse mitspielte. Diese Patienten standen an der Schwelle zwischen Leben und Tod. Auch wenn die Patienten dieser Abteilung wussten, dass ihr Leben bald endete, klammerten sie sich doch an jede Sekunde, da sie lebten. Nur wenige ergaben sich ihrem Schicksal und gaben auf. Besonders wenn junge Menschen hier landeten, berührte es Martina. Oft schlug der Tod erbarmungslos und hinterhältig zu, ließ Träume und Hoffnungen zerplatzen wie eine Seifenblase. Visionen wurden zerstört und machten der Realität des Unabwendbaren Platz. Auch wenn es nicht zu Martinas Aufgabenbereich gehörte, so verbrachte sie hier viel ihrer Freizeit. Sie saß an den Betten der Unbekannten und hörte zu, wenn sie von ihrem Leben berichteten. So übertrug sich ihr Leid auf sie und eigentlich hätte sie unter der Last zusammenbrechen müssen. Schwer wie ihre Steine kam ihr die Verantwortung zu, selbst jetzt noch Hoffnung zu schenken, wo aus medizinischer Sicht keine Hoffnung mehr war. Oft verfluchte sie ihre Rolle als letzter Strohhalm, an den sich die Todgeweihten klammerten. Dennoch zog es sie immer wieder zu diesen Menschen, denn hier sah und spürte sie etwas, das einzigartig und besonders war. Die flehenden Augen der Patienten sprachen oft mehr aus, als Worte es vermochten. Die Sterbebegleitung wurde ihre Bestimmung und wenn dann der Moment des Todes kam, sah sie jenes Lächeln der Erlösung in ihren Gesichtern. Vorbei aller Schmerz und alles Leid. In diesen Momenten spürte sie den Hauch der Ewigkeit. Der letzte Atemzug eines Menschen, ein letzter Blick und dann Frieden für alle Zeit. Dieses Gefühl schenke ihr unglaubliche Glücksmomente, denn schließlich war sie oft der letzte Mensch im Leben dieser Menschen. Andere hätten vielleicht anders gefühlt und hätten verzweifelt aufgegeben, doch Martina war anders. Sie erlebte bewusst diesen magischen Moment zwischen Leben und Tod. Irgendwann hatte sie begonnen, stets einen ihrer Steine mit auf diese besondere Station mitzunehmen. Warum sie es tat, verstand sie anfangs selbst nicht, aber es sollte sich zeigen, dass es mehr war als nur ein Stein, den sie dem Patienten in die Hände legte. Dankbar für diese Geste lächelte sie so mancher von ihnen an. So auch jener kleine Junge, der durch einen schweren Unfall auf diese Abteilung gekommen war. Bereits kurze Zeit nach seiner Einlieferung stellten die Ärzte fest, dass hier ihre Kunst nicht ausreichte. Zu schwer waren seine Verletzungen gewesen, als dass auch nur die geringste Möglichkeit auf Heilung bestand. Martina wurde gebeten, sich an sein Bett zu setzen, um ihn auf seinem letzten Weg zu begleiten. Man ging davon aus, dass er binnen weniger Stunden sterben würde. Auch wenn sie zunächst zögerte, so kam sie dem Wunsch der Ärzteschaft nach. Sie setzte sich an sein Bett und sah in die flehenden Augen des Jungen. Da lag ein junger Mensch, dem man die Zukunft genommen hatte. Ein Mensch, dem doch so vieles Gutes beschert sein sollte. Keine erste Liebe, kein Gefühl der Geborgenheit, keine Zukunft auf ein Leben im Alter, all das behielt man ihm vor. Der Junge sah sie an und Martina sah die Tränen in seinen Augen. Unbewusst holte sie, wie so oft, einen der Steine aus ihrer Schwesternkleidung und legte sie dem Jungen in die Hand. Dieses Gefühl, etwas in den Händen zu halten, das ihm Trost auf seinem letzten Weg spendete, schien den Jungen zu beflügeln. War es nur ein Trugschluss oder eine Illusion, die ihm neue Hoffnung schenkte, oder war es ein Zeichen, dass doch noch alles gut werden konnte? Martina wusste es nicht. Sie bemerkte jedoch, dass der Junge ganz ruhig wurde. Waren es die Vorboten des Sterbens oder einfach nur eine Reaktion auf das Unvermeidbare? Der Junge jedenfalls atmete weiter, auch wenn das in seinem Zustand eigentlich unmöglich erschien. Längst hätten seine Organe versagen und der Tod, dank der Medikamente schmerzlos, eintreten müssen. Doch nichts dergleichen geschah. Der Junge lebte weiter und als ob der

Stein in seinen Händen unbekannte Kräfte in ihm freisetzte, so regenerierte sich ganz langsam sein Körper. Tage vergingen und die Ärzte standen vor einem Rätsel. Immer wieder sahen sie nach ihm und stellten bei ihren Untersuchungen fest, dass sie Zeuge eines medizinischen Wunders wurden, einem jener unerklärlichen Phänomene, das eigentlich nicht sein durfte. Inzwischen waren Wochen vergangen und der junge Patient war wieder auf eine ganz normale Krankenstation verlegt worden. Ja, er war dem Tod von der Schüppe gesprungen. Der Sensenmann hatte ihn nicht geholt. Je weiter die Heilung fortschritt, umso öfter kamen nun die Ärzte zu ihm. Man wollte das Rätsel der Genesung unbedingt ergründen, doch so sehr man es auch versuchte, es schien keine natürliche Erklärung zu geben. Was ihnen aber auffiel, war, dass er den Stein in seinen Händen niemals losließ und sich mit allen Kräften wehrte, ihn von ihm zu nehmen.

Einmal war es gelungen und die Reaktion hatte alle verblüfft. Sofort schien der Heilungsprozess zu stoppen und der Gesundheitszustand des kleinen Patienten verschlechterte sich abrupt. Lag es wirklich allein an dem Stein? Bestand er etwa aus einem Mineral, das vielleicht auch anderen Todgeweihten ihr Schicksal ersparte? War es vielleicht gar ein neues Heilmittel? Man würde es erst erfahren, wenn der Junge den Stein von selbst abgeben würde. Erneut zogen Wochen ins Land. Inzwischen war absehbar, dass der Junge bald die Klinik als völlig geheilt verlassen konnte. Als der Tag der Entlassung kam, bat er, Martina zu sehen. Nur zu gerne erfüllte man ihm diesen Wunsch. Als sie vor ihm stand, begab sie sich auf die Knie und sah ihn

fragend an.
„Danke, dass du mir das Leben gerettet und ein Neues geschenkt hast. Ich werde es nie vergessen", sprach er dankbar.
„Ich habe nichts dergleichen getan, sondern du hast es aus eigener Kraft geschafft", wiegelte sie ab.
„Nein, das habe ich nicht, denn hättest du mir nicht den Stein in die Hände gelegt, wäre ich sicherlich gestorben. So aber hast du mir Halt und Hoffnung gegeben. Zu gerne würde ich den Stein behalten", sprach er dankbar.
„Dann behalte ihn, ich schenke ihn dir", entgegnete sie. Der Junge sah sie dankbar an und verließ mit seinen Eltern die Klinik. Eigentlich hätte damit diese Episode für Martina enden müssen, doch hatte das Schicksal noch etwas Besonderes mit ihr vor.
Kaum dass der Junge wieder daheim war, legte er den Stein an einen besonderen Platz, von wo aus er ihn immer sehen konnte. In Erinnerung an seine wundersame Heilung schrieb er über die Geschehnisse in den Sozialen Medien und auch über jenen Stein, der ihm das Leben neu geschenkt hatte. Binnen kurzer Zeit erreichten ihn unzählige Anfragen, ob er den Stein auch anderen geben würde, die keine Hoffnung mehr hatten. Stets wiegelte er ab, selbst als man ihm große Geldsummen bot. Stattdessen verwies er auf Martina. Nun erhielt sie in der Klinik Anfragen, was sie sehr ratlos machte. Was wäre, wenn ihre Steine nicht die Hoffnungen der Hoffnungslosen erfüllte? Man würde sie rasch als Scharlatan verfluchen und sicher auch aufs Schlimmste beleidigen. Um diesem zu entgehen, schrieb sie den Bittstellern stets die gleiche Antwort:

„Es war nicht der Stein, der geheilt hat. Es war die Seele und die darin schlummernde Hoffnung. Jeder Stein ist also geeignet, hier diese Kräfte zu mobilisieren. Glaubt fest daran, denn die Hoffnung ist es, die euch heilen kann, wenn auch nicht in

jedem Fall.“

Seit damals sind viele Jahre vergangen. Martina ist immer noch in der Klinik tätig und so wie einst hat sie stets die Steine der Hoffnung in ihrer Schwesterntracht. Mal schafften es die Steine, manchmal nicht, doch das ist eben das Leben und so wie das Leben nicht vorhersehbar ist, so ist es auch mit dem Schicksal. Die Hoffnung aber ist geblieben.

Die alte Kirche

Anja und Peter hatten sich einst in einem der sozialen Netzwerke kennengelernt. Obwohl sie viele Kilometer trennten, hatten sie dennoch etwas gemeinsam: Sie waren auf der Suche nach jemandem, mit dem sie ihr weiteres Leben verbringen wollten, auf der Suche nach jener großen Liebe, wie es sie nur selten gibt. Peter hatte sich einst kurz entschlossen in eine neue Beziehung gestürzt und war aus seiner alten Heimat fortgezogen. Doch kaum in der neuen Umgebung angekommen, spürte er recht schnell, dass die neue Beziehung wohl ein großer Fehler gewesen war. Die einstige Glut aus den Anfängen der Beziehung erlosch schneller als ein Strohfeuer. Aus der erhofften Zweisamkeit wurde für ihn eine Einsamkeit, der er nur dann entfloh, wenn er zu Fuß die Umgebung erkundete. Hier, draußen in der Natur, fühlte er sich frei, hier stellte sich jenes Gefühl ein, das ihn von Tag zu Tag mehr in seinen Bann zog, die Sehnsucht nach der unbekannten großen Liebe.
Bei Anja war es ähnlich. Nach Jahren des Doppellebens ihrer Liebschaft hatte sie erkannt, dass diese Beziehung keine Zukunft haben konnte. Zwar versicherte er ihr immer wieder, dass er sie liebte und sie war sich sicher, dass es von seiner Seite aus so war, doch tief in ihr war die Glut der Leidenschaft erloschen und hatte der inneren Kälte einer unergründlichen Leere Platz gemacht. Sie hatte lange gebraucht, dies zu erkennen und als es ihr klar wurde, dass es nicht so weitergehen konnte, hatte sie einen Schlussstrich gezogen. Nun war sie allein, und war es am Anfang ein Gefühl neuer Freiheit, so spürte sie schnell, dass etwas fehlte in ihrem Leben. Wo war jener Unbekannte, mit dem sie ihr weiteres Leben und eine neue Liebe leben konnte? „Wo bist du mein Liebster, dem ich mein Herz schenken kann?“, fragte sei sich oft, wenn sie in ihrer nun leeren Wohnung sinnierend umherging. Irgendwo musste er doch sein, oder hatte ihr Herz sie doch mit einem Wunschtraum betrogen? Anja begann, sich zu verändern. Aus der lebensfrohen Frau, die

das Leben anpackte, entwickelte sich ein zurückgezogener Mensch, dem die Einsamkeit ihrer Wohnung lieber war als das Leben vor der Haustüre. Das helle, warme Licht in ihrem Gemüt wich der kalten Dunkelheit und Tristheit ihres neuen Lebens. War das nun ihr zukünftiges Leben? „Nein, nein und nochmals nein!!!", schrie es regelrecht in ihr. Doch wie sollte sie sich aus dem Irrgarten ihrer Gefühle befreien, wie den Ausgang finden? Um sich abzulenken, begab sie sich ins Internet. Hier auf einer der zahlreichen Plattformen der sozialen Medien hatte sie ja Freunde, doch unter den männlichen Chattern schien es keinen zu geben, der ihr geeignet erschien, sie auf ihrem weiteren Weg zu begleiten. Dennoch machte sie sich auf die Suche.

Fernab, stellte Peter fest, dass er sich von seiner jetzigen Lebenspartnerin immer mehr eingeengt fühlte. Ja, er war ein Mensch, der gerne mit anderen in Kontakt trat, doch genau diese Eigenschaft sah seine Freundin nur ungern. Immer wieder machte sie ihm Vorhaltungen, und oft fand sie klare Worte, mit denen sie ihm klarmachte, dass sie allein sein zukünftiger Mittelpunkt zu sein hatte. Nur schwer fand sie sich damit ab, dass Peter in den sozialen Netzwerken noch viele andere Bekannte hatte. Wenn er mit ihnen schrieb, stieg in ihr eine zunächst unbegründete Eifersucht auf, was ihn noch mehr einengte. Peter spürte, dass er so nicht länger leben wollte und konnte. So begab er sich in die sozialen Medien, um wenigstens dort mit Freunden zu schreiben, mit denen er sich austauschen konnte, als er plötzlich eine neue Freundschaftsanfrage fand. Neugierig, wie er nun einmal war, nahm er sie an. Zu seiner Verblüffung fand man recht schnell ins Gespräch und plötzlich war es da, dieses Gefühl, das er so vermisst hatte.

Es kam, wie es kommen musste. Die Chats wurden intensiver und er sehnte sich danach, die unbekannte Frau kennenzulernen. Oft schrieb er nun stundenlang mit ihr und es zeichnete sich ab, dass mehr daraus werden konnte. Das Schicksal schien eine neue Wendung für ihn und Anja bereitzuhalten. Man lernte sich kennen und spontan, so wie er nun einmal war, endete die Beziehung, in der er stand. Eine neue Zeit begann für das Paar, eine neue Liebe, so wie beide es sich immer erträumt hatten. Zwar war der Anfang ihres neuen Glücks von vielen Hindernissen gezeichnet, doch trotz aller Probleme schaffte es ihre Liebe, sie zu überwinden.

An einem warmen Sommertag bat er Anja, ihn an einen besonderen Ort zu begleiten. Man fuhr nach Rambin. Hier steht eine Kirche, die für Peter von besonderer Bedeutung war, da er sie immer wieder aufsuchte, wenn er einen stummen Rat braucht. Die Stille und die besondere Stimmung der Umgebung zog sie in ihren Bann. Als sie gemeinsam die Kirche betraten, spürte sie sofort, warum er ausgerechnet dieses Gotteshaus ausgesucht hatte. Es schien, als würde eine unsichtbare Stimme wohlwollend zu ihnen sprechen und ihre Liebe befürworten.

„Seht, ich bin das Leben und die Ewigkeit. Ihr beide habt den Weg hier zu mir gefunden. Möge euch eure Liebe für all das andere, was ihr im Leben erleiden musstet, entschädigen. Lebt eure Liebe." Das waren jene Worte, die er und sie in ihren Köpfen vernahmen und doch war niemand zugegen, der sie ausgesprochen hatte. Die beiden sahen sich an und wussten in diesem Moment, dass sie gerade einen Augenblick der Ewigkeit erlebten. Sie verharrten im Kirchenraum, wo sie sich tief in die Augen sahen. Es bedurfte keiner Worte, um zu verstehen, was sie gerade hier empfanden. Es war das Bekenntnis zu ihrer Liebe. Niemand außer ihnen war zugegen, der Zeugnis über dieses Versprechen gab, und doch war ihnen klar, dass die Mächte und das Schicksal selbst hier ihre Zustimmung gaben. Ja, ihre Liebe würde andauern und beide hofften, dass sie weiter hell leuchten würde und niemals vergeht. Das war vor vielen Jahren gewesen. Damals beschlossen sie, diese Kirche jedes Mal im Mai aufzusuchen, doch bis heute ist es nicht dazu gekommen. Dafür aber erinnert sich das Paar an jenen Tag im Jahr aufs Neue, welches Versprechen sie sich damals gaben. So ist es bis heute geblieben. Wenn sie nun nachts Arm in Arm in ihren Träumen auf die Reise gehen, so finden sie sich dort wieder, dem Ort, an dem ihre Liebe und das Leben neu erwachten. Wer weiß, vielleicht schaffen sie es irgendwann, den Ort noch einmal aufzusuchen und ihr Versprechen zu erneuern.

Der Gesang der weißen Schwäne

Wer auf die Insel Rügen kommt, wird schnell bemerken, dass es hier sehr viele weiße Schwäne gibt. Egal, ob vor den Kreidefelsen oder in den Bodden, überall trifft man auf diese königlichen Vögel, die anmutig auf den Wellen schwimmen.

So erging es auch Bianca, als sie erstmals auf der Insel ihren Urlaub verbrachte. Lange Zeit war sie stets auf die Balearen gefahren, denn hier war es warm und voller Leben. Hier hatte sie sich wohlgefühlt und da sie noch immer allein war, begann sie seinerzeit einen Urlaubsflirt mit einem der vielen Touristen. Die Zeit des Urlaubs verflog wie im Fluge und als sie die Sonneninsel im Mittelmeer verließ, stellte sie für sich fest, dass sie mehr als nur diesen Flirt wollte. So hielt sie weiterhin mit Thomas die Verbindung aufrecht, in der Hoffnung, dass sich vielleicht mehr daraus entwickeln würde. Ihre Hoffnung wurde nicht enttäuscht, denn auch er schien einer festen Verbindung nicht abgeneigt zu sein. Dass er ganz andere Ambitionen hatte, ahnte sie damals nicht.

Er sah nur die erfolgreiche Frau, die mitten im Leben stand, während er in seinem Leben bisher wenig erreicht hatte. Nur seinem Aussehen verdankte er es, dass ihn die Frauen umschwärmten und ihm ein recht sorgenfreies Leben ermöglichten. Warum also sollte er sich groß bemühen, mehr aus seinem Leben zu machen, wenn es doch auf diese Weise ging. So nutzte er die Naivität der Frauen aus, so lange es ging. Wenn ihm eine zu viel wurde, sorgte er dafür, dass sie ihn verließ, jedoch nicht ohne zuvor seine finanziellen Interessen wahrgenommen zu haben. Ja, man könnte sagen, Thomas war eine Art Loveboy und dieses Spiel spielte er sehr erfolgreich. Auch Bianca war für ihn nur für eine gewisse Zeit interessant. Wie eine Spinne, die ihre Opfer aussaugte, umgarnte er sie und bekam, was er wollte. Erst als es zu spät war, bemerkte sie den fatalen Irrtum und seine wahren Absichten.

Vom Leben enttäuscht, zog sich Bianca zurück. Nie wieder wollte sie einem Menschen wie Thomas begegnen, da er nicht nur ihr Vertrauen missbraucht, sondern sie an den Rand des finanziellen Ruins gebracht hatte. Schlagartig verabschiedete sie sich aus dem realen Leben und lebte fortan völlig abgeschieden in ihrer kleinen Welt. Hier konnte ihr niemand etwas zuleide tun, hier fühlte sie sich sicher.

Tage wurden zu Wochen und Wochen zu Monaten, in denen sie sich völlig aufgab. Aus der einst attraktiven Frau wurde ein bemitleidenswertes Häufchen Elend, das nichts mehr von jenem Glanz versprühte, der sie einst umgab. Bianca lebte im Grunde nicht mehr, sondern vegetierte dahin. In ihrer kleinen Welt wollte sie bleiben und nichts mehr vom Leben wissen. Sie stand an der Schwelle jenes Abgrundes, wo es nur noch eines Schrittes bedurfte, um hinabzustürzen. Die Depressionen wurden von Tag zu Tag stärker und vernebelten ihre Sinne. Längst hatten sich ihre wenigen Freunde von ihr abgewendet. Was sollten sie auch mit einer Frau, die nur um sich selbst kreiste und nicht mehr am Leben teilnahm? Man schrieb sie regelrecht ab und vergaß sie.

In dieser Stimmung hörte Bianca von den weißen Schwänen der Insel Rügen. Bisher hatte sie nur des Öfteren von der Insel weit oben im Osten gehört, von der so viele schwärmten. Man sagte, wer einmal auf Rügen war, kommt wieder, oder er bleibt für immer. Auch hörte sie von den Kreidefelsen und deren Magie auf die Menschen, von den Stränden und einsamen Plätzen. Einer inneren Stimme folgend schöpfte sie plötzlich wieder Hoffnung. Vielleicht gab es ja dort einen Platz, wo sie neue Kraft zum Leben fand. Kurzentschlossen buchte Bianca eine Unterkunft für den Januar auf der Insel in Glowe, auch wenn sie wusste, dass es nicht die ideale Jahreszeit für einen Urlaub auf Rügen war. Im Grunde war ihre Entscheidung ein letzter stummer Hilferuf und sie hoffte inständig, dass er vom Schicksal erhört wurde.

Kaum dass sie ihre Unterkunft bezogen hatte, machte sich Bianca auf den Weg zum Strand. Jetzt im Januar schien er völlig ausgestorben und leer zu sein. Zunächst war sie enttäuscht, denn sie hatte gehofft, dass hier doch mehr los ist. Fast automatisch ging sie bis an die Wasserlinie, wo die Wellen der Ostsee träge und fast unhörbar auf dem Sand ausliefen. Dieses monotone Geräusch des immer wiederkehrenden An- und Ablaufens der Wellen gab ihr innerhalb weniger Momente das Gefühl einer unglaublichen Ruhe. Wie von selbst hoben sich jene Nebel in ihrem Kopf, die lange Zeit ihren klaren Blick getrübt hatten. Ihr Blick wurde wieder klar, was sie doch sehr verwunderte. Wie konnte es sein, dass sie ausgerechnet hier jene Ruhe und Entspannung fand, die sie so lange vermisst hatte? Ohne es zu wollen, ging sie weiter an der Wasserlinie entlang, den Blick stets auf den Horizont gerichtet. Ihr Blick fand in der Ferne das steil aufragende Kap Arkona, und als ob sie ein stiller Ruf erreichte, spürte sie jene Magie, die von ihm ausging.

„Spüren Sie es?“ Sie drehte sich um und sah einen älteren, schlanken, gut gekleideten Mann mit Vollbart, der sie wohl schon länger beobachtete und nun wissend ansah.
„Woher wissen Sie?“, entgegnete sie. Er lächelte sie an und sie fühlte seine Gegenwart ganz zu ihrem Erstaunen als wohltuend.
„Jeder, der so schaut, hört es. Es ist die Stimme des Meeres. Jener Ruf, den es seit Urzeiten gibt. Hören sie genau hin und mit etwas Glück vernehmen sie in diesem Konzert ein weiteres Geräusch.“
Bianca verstand nicht. Was meinte der Unbekannte damit?
„Hören sie genau hin“, sprach er erneut. Bianca versuchte es und tatsächlich vernahm sie einen Ton innerhalb der Geräusche, den sie bisher nicht beachtet hatte. Er hörte sich an wie ein leiser Gesang. Sie sah ihn verwundert an.
„Was ist das?“, fragte sie ihn.
„Darauf kann ich ihnen keine Antwort geben, aber jeder der bereit ist, sich zu öffnen, hört diesen Gesang. Jeder hat seine eigene Erklärung dafür und daher müssen sie für sich herausfinden, worum es sich handelt. Seit ich den Gesang das erste Mal hörte, habe ich mich immer wieder gefragt, woher er stammt und meine eigene Theorie entwickelt.“ Der Mann schwieg und sah nun selbst hinaus auf das Meer, um dem Gesang zu lauschen. So standen die beiden stumm und tief in sich versunken noch lange am Strand. Die Dämmerung setzte ein und nur noch das Licht vom Leuchtturm am Kap durchbrach hin und wieder die aufkommende Dunkelheit. Wortlos verabschiedete man sich und ging seiner Wege. Nachdem Bianca noch eine Kleinigkeit zu sich genommen hatte, legte sie sich schlafen. In ihren Träumen hörte sie wieder diesen eigentümlichen Gesang. So schlief sie ein.
Als sie am Morgen aufwachte, fühlte sie sich regelrecht erleichtert, und doch war sofort die Frage nach dem Ursprung des Gesangs wieder da, den sie am Tag zuvor vernommen hatte. Würde sie herausfinden, um was es sich handelt, würde sie dem Unbekannten erneut begegnen? Was geschah hier mit ihr? Fragen über Fragen, die nach Antworten verlangten. Daher beschloss sie, nach

dem Frühstück erneut an den Strand zu gehen. Würde sie den Gesang wohl wieder hören? Würde der Unbekannte dort wieder sein, um zusammen mit ihr zu lauschen? Sie hoffte es sehr. Sie schaute vom Frühstücksraum aus dem Fenster. Der Tag schien sehr sonnig zu werden und somit ideal, die nähere Umgebung zu erkunden. So beschloss sie, sich rasch warm anzuziehen und sich auf den Weg zu machen.

Kaum am Strand angekommen, suchten ihre Augen wieder nach dem alten Mann, doch zu ihrer Enttäuschung war er nicht zu sehen. Dafür aber erwachte nun ihr Forscherdrang. Unbewusst setzte sie einen Schritt vor den anderen und gelangte so immer weiter, entlang der Wasserlinie, in Richtung Juliusruh. Sie vergaß alles um sich herum und spürte zugleich, wie gut ihr die Ruhe tat. Zwar kreuzten einige Strandbesucher ihren Weg, doch nahm sie diese nur am Rande wahr. Zu sehr war sie damit beschäftigt, wieder jenen Gesang zu finden, den sie tags zuvor gehört hatte. Tatsächlich dauerte es nicht lange, bis sie ihn wieder vernahm. Deutlicher als zuvor hörte sie ihn. Also musste der Verursacher in der Nähe sein. Sie blickte hinaus aufs Meer und sah einige weiße Vögel, die dort auf den Wellen schwammen. Es waren weiße Schwäne. Konnte das wirklich sein? Waren sie die Quelle jenes Gesangs, den sie hörte? Aus ihrem Heimatort kannte sie ja die Schwäne, die dort auf den Teichen schwammen, aber noch nie hatte sie sie singen gehört. Gebannt schaute sie auf die anmutigen Vögel, die paarweise dort am Gründeln waren. Kein Zweifel, von ihnen musste der Gesang stammen. Sie blieb stehen und lauschte dem Klang, der wie ein scharfes Schwert die dornige Hecke um ihre Seele durchschnitt und sie regelrecht befreite. Ihr Kummer, ihre Sorgen, all das, was sie bedrückte und eingeengt hatte, schien dieser Gesang in Luft aufzulösen. Tonnenschwere Steine, die sie niedergedrückt hatten, polterten unhörbar und unsichtbar auf den Sand vor ihren Füßen. Ihre gebückte Haltung veränderte sich und Bianca begann, sich innerlich als auch äußerlich regelrecht aufzurichten. Welches Wunder erlebte sie in diesem Moment? War es überhaupt ein Wunder, oder doch die Kraft der Insel? Nie würde

sie je eine Antwort auf diese Frage bekommen. Wohl aber spürte sie, wie gut es ihr tat, hierhergekommen zu sein. Sie genoss diese einzigartige Stimmung in vollen Zügen. Mit jedem Atemzug spürte sie jene Kraft, die sie neu leben ließ. So wie die Sonne den Schnee zum Schmelzen bringt, um der Natur das Leben neu zu schenken, so war es der Gesang der Schwäne, welcher ihr neue Kraft zum Leben schenkte.
In den nächsten Tagen bemerkte Bianca, wie sie neue Kraft und Mut fand. Egal, wie das Wetter auch war, stets fand man sie hier am Strand, wo sie stundenlang auf das Wasser und die weißen Schwäne schaute. Ihre verhärteten Gesichtszüge wurden weicher und die Kummerfalten um ihre Augen herum verschwanden. Bianca wurde hier am Strand der Schaabe neu geboren. Damit hatte sie niemals gerechnet und auch wenn sie allein war, so genoss sie ihre innerliche Wiederauferstehung. Sie nahm den Kampf des Lebens wieder auf. Als sie nach drei Wochen heimfuhr, war die alte Bianca von den Wellen des Meeres fortgespült und in den Wellen der Ostsee verschwunden.

Sie hoffte, dass ihr Schmerz für immer dort in den Tiefen ruhen würde. Zugleich beschloss sie, wann immer es ihr möglich war, nach Glowe zurückzukehren, um dem Gesang der Schwäne zu lauschen.

Ach ja, da war ja noch die Sache mit dem alten Mann. Nur das eine Mal hatte sie ihn gesehen. Ohne ihn hätte sie vermutlich den Gesang der Schwäne nie wahrgenommen. War er vielleicht gar kein Mensch, sondern nur eine Illusion ihrer Seele gewesen? Wer weiß das schon. Wichtig war für sie, dass sie ihm begegnet war und egal, ob er real, oder doch nur eine Traumgestalt war, dank ihm lebte sie fortan wieder.

Eine Geschichte aus dem Hexenwald

„Ein Baum unter dem sich ein ganzer Wald verbirgt", das kann es doch nicht geben, oder doch? Ja, es gibt ihn hier auf Rügen. Er gilt als einer der romantischen Plätze auf der ganzen Insel und liegt etwas abseits der B 96, in der Nähe des Ortes Litzow, am Gut Semper.

Auch Katharina war per Zufall auf diesen einsamen Ort, weit abseits, der bekannten touristischen Ziele getroffen. Nie hätte sie daran geglaubt, einen solchen Ort des Friedens und der inneren Ruhe je zu finden. Schließlich gehörte sie zu jenen vielen Erholungssuchenden, die nach Rügen kamen, um sich am Strand und in der Sonne zu erholen. Hier, weitab des alltäglichen Stresses, spürte sie die Magie der Insel und verstand, warum so viele von der Insel schwärmten. Kaum dass sie den Rügendamm oder die Rügenbrücke überquert hatte, schien es so, als würde man in eine fremde Welt eintauchen. Eine Welt, wo einzig und allein das Glück und Freude daheim waren. Aus diesem Grund war sie ja auch hierhergekommen, denn sie wollte einfach nur mal abschalten von ihrem Alltag. Hinzu kam, dass sie sich privat in einer Umbruchphase ihres Lebens befand. Zwar lebte sie seit Langem in einer festen Partnerschaft, doch irgendwie war seit Längerem die Luft raus. Sicher, man liebte sich noch, doch jenes Feuer, das einst in ihr brannte, gehörte längst der Vergangenheit an. Oft dachte sie mit Wehmut und einem lustvollen Schauer an jene Tage, da ihr Partner sie spontan geliebt hatte. Doch wie oft in langfristigen Beziehungen war die Flamme der Leidenschaft abgekühlt. Immer wieder hoffte sie, dass sie noch nicht erloschen war. Um dies festzustellen, hatte sie ihm vorgeschlagen, für einige Wochen allein in Urlaub zu fahren. Vielleicht war das ein Weg für sie und ihn, sich darüber im Klaren zu werden, ob ihre Beziehung noch Sinn machte oder man besser getrennte Wege ging.
Anstatt sich jedoch eine Ferienunterkunft in den bekannten Seebädern zu nehmen, entschied sie sich, ganz oben im Nordwesten der Insel ein Quartier zu nehmen. Hier, so ihre Überlegung, würde sie fernab des Trubels der Seebäder zum Nachdenken kommen.

Wie recht sie mit ihrer Annahme hatte, sollte sie bereits innerhalb weniger Tage erfahren. Fast jeden Tag war sie nun am Strand unterwegs. Die besondere Luft, aber vor allem die Umgebung, hier im Norden der Insel, ließen sie innerlich zur Ruhe kommen. Bereits nach wenigen Tagen begann sie die weitere Umgebung zu erkunden und gelangte so auch nach Bakenberg, wo sie zu ihrer Überraschung den kilometerlangen Sandstrand fand. Jetzt, zu Beginn des Herbstes, waren weniger Besucher hier, doch konnte sie sich vorstellen, wie es in der Hauptsaison hier aussah. Was ihr besonders auffiel, war, dass es keinerlei Beschränkungen gab, denn sowohl Hundebesitzer als auch Anhänger der Freikörperkultur fanden sich hier ein, ohne dass es andere störte. Es schien ihr, als wäre dieser Strand ein Teil, ein Stück, vom verlorenen Paradies. Dieser Umstand führte zu einem Umdenken in ihrer Einstellung zum Leben. Anfangs hatte sie sich noch, gekleidet in einen Badeanzug, an den warmen Strand gelegt. Als sie aber immer wieder jene sah, die sich hüllenlos hier aufhielten, fasste sie den Mut und tat es ihnen gleich. Nie hätte sie gedacht, dass es so befreiend war. Auch warf sie ihre Bedenken schnell von sich, dass man sie wegen ihres Körpers anstarren würde, selbst wenn dieser wahrlich nicht zu ihrem Alter passte, da sie jünger aussah. So verging eine weitere Woche. Sie kam zum Nachdenken und stellte für sich fest, dass sie diesen Urlaub viel eher hätte machen sollen. Immer wieder spürte sie auch, dass sie ihren Freund vermisste. Mochte das Alleinsein noch so schön sein, so hätte sie all das hier gerne mit ihm geteilt. Der Zufall, oder sollte man besser schreiben das Schicksal, führte dazu, dass sie in diesen Tagen von einem Baum hörte, unter dem sich ein ganzer Wald verbarg. Zunächst hielt sie diese Geschichte für eine der vielen, die es über die Insel Rügen gibt. Sie konnte es sich nicht vorstellen, dass so etwas möglich sei. Inzwischen hatte sie jemanden kennengelernt, der augenscheinlich auf Rügen lebte. Als

sie ihn auf diese Geschichte ansprach, lächelte ihr neuer Bekannter wissend.
„Ja, diesen Wald gibt es tatsächlich und wenn du möchtest, zeige ich ihn dir gerne“, bot er ihr an. Zunächst zögerlich, aber dann von der Neugier getrieben, willigte sie ein. So fuhr er mit ihr zum Gut Semper, wo er sie bat, in einen kleinen, fast unscheinbaren Weg zu fahren. Sie stellten ihr Fahrzeug am Straßenrand ab.
„Von hier aus müssen wir zu Fuß weitergehen“, erklärte der Mann ihr. So stiegen sie aus und begaben sich über einen unbefestigten Weg in den Wald hinein. Bereits nach wenigen hundert Metern sah sie einen aus Bruchstein gemauerten Turm. Neugierig umrundete sie das Zeugnis längst vergangener Tage. Allein wegen diesem Turm hatte sich der Ausflug bereits für sie gelohnt, denn er strahlte eine unbeschreibliche Ruhe aus, der sie schnell erlag. Ihr Bekannter schaute sie wissend an und überließ sie schweigend ihren Eindrücken. So dauerte es eine Weile, bis ihre Betrachtungen endeten. Erst jetzt bat er sie, ihm zu folgen. Wieder ging es über einen Waldpfad. Langsam wurde Katharina nervös. Wohin würde er sie führen? Wenig später öffnete sich der dichte Wald. Sie schaute auf einen einzelnen, dicht belaubten Baum. War das jener Ort, von dem er gesprochen hatte? Ein einzelner Baum und sonst nichts? Schon machte sich ein Gefühl der Enttäuschung bei ihr breit. Er jedoch sah sie erneut wissend an.
„Folge einfach dem Pfad. Ich bleibe hier, denn nur so kannst du mit eigenen Augen sehen und das Wunder verstehen“ merkte er an. Sie tat, wie er ihr gesagt hatte. Leise, so als ob nicht ein Geräusch den Moment stören sollte, folgte sie dem Pfad und fand sich plötzlich in einem Wald wieder, wie sie ihn noch nie gesehen hatte. Das grüne Dach des Baumes wölbte sich wie ein lebender Baldachin über ihrem Kopf. Staunend ging sie etwas weiter hinein. So etwas hatte sie wirklich nicht vermutet. Der

Ort zog sie in ihren Bann. Die Zeit wurde relativ, auch wenn es ihrer schien, als wäre sie nur wenige Minuten hier unter dem Grün des Baumes, so war es doch mehr als eine halbe Stunde, da sie ganz allein hier die Zeit verbrachte. Sie lehnte sich an eine der kleinen Krüppelbuchen und plötzlich schien es ihr, als würden längst vergangene Menschen mit ihr reden. Menschen, die wie sie an diesem Ort etwas fanden, was sie so lange gesucht hatten. Einen Ort des absoluten Friedens und der Ruhe, einen Ort, wo sie zurückgeschleudert wurden auf sich selbst. Staunend und umfangen von jener Aura, die jeden überfällt, der einmal hier war, stand sie nun da. Wieder kam ihr der Gedanke an ihren Freund in den Sinn. Schade, dass er nicht vor Ort war, um das hier zu sehen.
Mitten in ihre Überlegungen hinein trat eine weitere Person in dieses Kleinod. Gefangen vom Zauber des Moments hatte sie die Gestalt nicht bemerkt. Erst als sie von ihr angesprochen wurde, drehte sie sich um und erkannte, dass es ihr Freund war. Wie aber konnte das sein? Woher wusste er, dass sie hier war und wie kam er nach Rügen? Schließlich hatten sie doch vereinbart, dass sie allein hier sein wollte.
„Dein Bekannter hat mich informiert“, gab er ihr leise zu verstehen. Sie sah ihn verwundert an. Sie hatte ihren Freund doch nur einmal beiläufig erwähnt. Wie also konnte der neue Bekannte daraus seine Schlüsse ziehen? Woher hatte er überhaupt seine Telefonnummer und woher wusste er, dass sie sich ausgerechnet hier und heute hier im Hexenwald aufhalten würde? Fragen über Fragen, doch keine Antwort. Stattdessen nahm ihr Freund sie in den Arm. Plötzlich war es wieder da, jenes Feuer in seinen Augen, das sie so lange vermisst hatte. Wortlos, ohne weitere Fragen, küssten sich die beiden. Wozu Fragen oder Erklärungen abgeben, wenn sie in diesem Moment völlig überflüssig waren. Hier an jenem Ort sollte das Paar ein weiteres Wunder erleben.

Der Wald unter dem Baum zeigte, warum man diesen Ort zu Recht den Hexenwald nannte, denn ein Zauber der besonderen Art legte sich über sie.

Hier und jetzt fand das Paar wieder zu sich und es sollte sich zeigen, dass dieser Zauber seinen Bann nie verlieren würde.

Jahre sind seit jenem Moment vergangen. Längst ist das Paar im Rentenalter, doch liebte es sich noch immer so, wie an jenem Tage, da sie unter dem Baum, der einen ganzen Wald verbarg, ihr Glück wiederfanden. Wann immer sie auf Rügen waren, besuchten sie diesen Ort, um jene Macht zu spüren, die sich mit ihm verband. Wenn sie ihn nach Stunden verließen, wussten beide, was folgen würde. Stunden des Glücks und der Leidenschaft. Es ist bekannt, dass es vielen Paaren so ergeht und manch eine neue Beziehung fand hier ihren Anfang.

Was aber wurde aus jenem Bekannten, der Katharina diesen Ort einst zeigte und damit ihr Schicksal veränderte? Nun, er ist wohl nur eine Sagengestalt, denn sie hat ihn nie wieder gesehen. Vielleicht lebt er in einer der Buchen unsichtbar und verborgen, um jenen zu helfen, die seine Hilfe benötigten. Ob das so ist, gehört aber auch zu den Geschichten, die sich um diesen Wald drehen, wie so viele andere. Jeder, der den Hexenwald besucht hat, wird seine eigene Geschichte erlebt haben und so wird es wohl bleiben, solange es ihn gibt. Den Baum, unter dem sich ein Wald verbirgt.

Die Brücke

Jeder, der nach Rügen kommt, kennt sie. Jeder der Rügen verlässt ebenso. Schon von Weitem grüßen die beiden Pylone Anreisende und Abreisende. Für viele bedeutet sie Freude und Trauer zugleich. Die Rede ist von der Rügenbrücke, die über den Strälersund das Festland mit der Insel verbindet. Zugleich haben sich hier viele unbekannte Schicksale und Dramen ereignet. Von einem dieser Schicksale handelt diese Geschichte:

Kerstin und Hermann waren schon seit vielen Jahren verheiratet. Nach außen schien es so, als seien sie ein glückliches Paar. Dass dies seit einiger Zeit nur noch eine reine Fassade war, wussten nur wenige. Dabei hatte sich der dunkle Schatten zunächst ganz unbemerkt über ihre Beziehung ausgebreitet. Sie nahmen es am Anfang erst gar nicht wahr. Er war berufstätig, während sie ihre Erfüllung im Haushalt fand. Doch wie in vielen Beziehungen machte sich die Routine und Eintönigkeit in ihrer Beziehung breit. Zunächst wollte Kerstin es nicht wahrhaben, doch spürte sie irgendwann die Sehnsucht nach mehr. Unbewusst unterdrückte sie das Gefühl innerer Einsamkeit über einen langen Zeitraum, so lange bis es zu spät war. Genau dieser Punkt war nun erreicht. Als sie mit Hermann darüber sprach, sah er sie nur verwundert an. Er konnte einfach nicht verstehen, warum sich seine Frau so negativ veränderte. Wie sollte er es auch. Schließlich fand er seine Erfüllung in seinem Beruf und bot ihr alles, was sie sich wünschen konnte. Sicher, auch er hatte bemerkt, dass die Glut ihrer einstigen Liebe langsam erkaltete, doch sah er den Grund darin, dass es bei vielen Paaren, die lange Zeit zusammenlebten, einfach so war. Wenn er abends müde und erschöpft von der Arbeit heimkam, hatte er einfach keinen Sinn für Zärtlichkeit und Romantik, sondern wollte einfach nur seine Ruhe. Wenn man sich abends schlafen legte, drehte er sich oft nur zur Seite. Dabei hätte sie doch noch gerne etwas gekuschelt und ihn geliebt. Anfangs hatte sie es respektiert und sich damit abgefunden, dass ihm nicht danach war. So hatte auch sie sich zur Seite gedreht und versucht zu schlafen. Langsam, aber stetig, baute sich so jener Frust in ihrer Seele auf, der sie mehr und mehr von ihm entfernte. Inzwischen war diese Art von Leben für sie und ihn zur Normalität geworden. Ein Leben, das sie irgendwann nicht mehr so weiterleben wollte. Dann aber kam jener Tag, an dem sie den Mut fand, offen mit ihm darüber zu sprechen.

„Hermann, so kann es nicht weitergehen." Er sah sie verwundert an.
„Was meinst du damit?"
Ich kann und will so nicht weiterleben. Schau doch mal auf unsere Beziehung. Wo ist jener Hermann geblieben, den ich einst so geliebt habe!" Wieder schaute er sie nur ungläubig an und erkannte nicht, dass er einen Teil der Schuld für diesen Umstand beitrug. Doch anstatt es sich einzugestehen, wiegelte

er ab.
„Du hast doch alles, was du brauchst. Wir haben ein schönes Heim und keine Geldsorgen. Was willst du denn mehr?"
„Ich will meinen Hermann zurück!", brach es aus ihr heraus. Er sah in ihre flehenden Augen, die mehr sagten als alle Worte.
„Ich habe mich nicht verändert. Es ist ganz normal in einer Ehe, dass es Phasen gibt, wo eine Beziehung erkaltet", verteidigte er sich.
„Das mag sein, aber ich will es nicht. Ich möchte wieder lieben, ich möchte wieder leben. Ich möchte jenen Mann zurück, der mich begehrt und nicht nur für die Familie lebt." Erneut sah er sie schweigend an. Sicher, Kerstin mochte in dieser Hinsicht recht haben, denn auch er sehnte sich nach Zärtlichkeit. Aber was sollte er tun? Sein Job war eben sehr anstrengend und auch wenn er es gerne ändern würde, so fand er keinen Ausweg. Schließlich sorgte er für den Wohlstand und nur der zählte für ihn. Als sie immer noch sein Unverständnis für ihre Situation bemerkte, beschloss sie, deutlicher zu werden.
„Wenn wir nicht bald was ändern, zerbricht unsere Beziehung. Hermann, ich bitte dich, lass es nicht so weit kommen."
„Wie meinst du das jetzt schon wieder?"
„Ich halte diese Art von Leben nicht mehr aus. Ja, ich gebe zu, anfangs sah ich in meinem Leben als Hausfrau auch den Sinn, aber gerade in der letzten Zeit ist mir das nicht mehr genug. Ich habe sehr lange darüber nachgedacht und dir versucht, Signale für meine Situation zu senden, doch du scheinst sie nicht zu bemerken. Nun kann ich nicht mehr und sage es dir, wie ich es sehe. Wenn wir nicht schnellstens einen Weg finden, unsere Beziehung zu retten, dann sehe ich keinen Sinn mehr darin, oder um es deutlicher zu formulieren, ich trage mich mit dem Gedanken, mich von dir zu trennen!" Nun erst bemerkte er, wie ernst es ihr war, denn noch nie hatte sie deutlich gesagt, was sie empfand. Er schwieg einen weiteren Moment und dachte

stumm über ihre Worte und seine Gefühle für sie nach. Tief in seinem Innern spürte er es noch. Da brannte immer noch jenes Feuer aus längst vergangenen Tagen, doch schien es ihm so, als würde es abgeschirmt. Das Licht und die Wärme ihrer Liebe drangen nicht mehr nach außen. Die einst magische Aura ihrer Beziehung schien vollkommen verschwunden zu sein. So erkannte er, wie recht sie doch hatte. Doch wie sollten sie es schaffen, ihre Beziehung zu retten?

„Wie wäre es mit einem längeren Urlaub, wo ihr beide wieder versucht, zu euch zu finden", hörte er eine innere Stimme in sich. Genau diesen Gedanken teilte er ihr mit und es schien ihm, als hätte auch sie denselben Gedanken gehabt, denn ihre traurigen Augen bekamen plötzlich wieder jenen Glanz, den er so sehr liebte.

„Lass uns nach Rügen fahren", schlug er vor. Sie sah ihn an. Warum ausgerechnet nach Rügen? Bisher kannte sie die Insel nur vom Namen nach und aus Berichten von einigen ihrer Bekannten. Was war so Besonderes an dieser Insel, von der so viele schwärmten. Skeptisch sah sie ihn an. Zugleich spürte auch sie ein Kribbeln in sich, das sie so lange vermisst hatte. Ja, da war es noch, jenes Gefühl, das sie mit ihm verband. Sollte es stimmen, was man von der Insel sagte, so gab es vielleicht noch Hoffnung für ihre Beziehung. „Verliebt auf Rügen, ganz sicher!", so hatte man ihr mal gesagt. Sie hoffte, dass etwas an diesem Satz war, und hatte zugleich doch Angst vor einer Enttäuschung. Dennoch sei es ihr einen Versuch wert. Sollte sich ihre Erwartung nicht erfüllen, so konnten sie zumindest nicht sagen, dass sie es nicht versucht hatten. So willigte sie ein.

Bereits am kommenden Tag begann sich das Ehepaar mit der Insel zu befassen und nach einem passenden Quartier zu suchen. Dabei stellten sie schnell fest, wie vielfältig doch die Insel war. Da gab es den Osten, an dem sich jene aufhielten, die etwas luxuriösen Urlaub bevorzugen, aber auch den Norden, wo es etwas ursprünglicher zuging. Wo also sollte man ein Quartier suchen? Hermann bevorzugte sofort die Ostküste zwischen Binz und Göhren. Hier, so fand er, gab es nicht nur wunderschöne Strände, sondern vor allem die alten Seebädervillen und ein reges Treiben im Sommer. Sie hingegen suchte mehr Ruhe und sah daher eher zwischen Juliusruh und Glowe den idealen Ort, um ihrer Beziehung neues Leben einzuhauchen. Sicher, die Bilder der großen und bekannten Seebäder suggerierten Urlaubsziele, die einem Traumurlaub entsprachen. Aber wollte sie diese Art von Urlaub überhaupt? Im Grunde brauchten sie doch nur einen Ort, um wieder zu sich zu finden. Daher war es egal, wo man Quartier nahm. Allein der Sinn des Urlaubs war für sie entscheidend und nicht der Ort. Das teilte sie ihm so mit.

„Wie wäre es dann, wenn wir einfach ohne eine feste Buchung auf die Insel fahren und dort eine Ferienwohnung nehmen, die uns spontan gefällt?“, schlug er vor. Sie sah ihn an.

„Warum nicht“, willigte sie ein. Sicher es war Sommer und damit auch auf Rügen Hochsaison, aber so naiv, wie sie war, glaubte sie, dass sie rasch ein Quartier finden würde, das ihnen gefiel. Sie ahnte nicht, dass Rügen wie ein Magnet die Massen anzog und es schwer würde, noch eine freie Ferienwohnung zu finden.

„Also machen wir es so. Ich werde mit meinem Chef sprechen und ihn bitten, mir ab nächste Woche drei Wochen Urlaub zu geben. Du kannst die Zeit ja schon mal nutzen, um die Koffer zu packen“, schlug er vor. Sie willigte ein. Wie besprochen machte sich das Paar eine Woche später auf den Weg in Richtung Nordosten.

Als sie auf der Autobahn endlich das weiße Hinweisschild mit der Aufschrift „Insel Rügen“ sahen, überfiel das Paar jenes erwartungsvolle Kribbeln, das jeder kennt, der auf die Insel fährt. Verwundert spürten beide, dass irgendetwas mit ihnen geschah, das sie so lange vermisst hatten. Als wäre allein die Nennung der Insel wie ein Sprengstoff, der jene Mauer des Alltäglichen zu Staub zerfallen ließ, die so lange ihre Empfindungen eingesperrt hatte. Dann erreichten sie die Auffahrt zur Rügenbrücke und sahen jene beiden Pylone, die jeden Ankommenden auf ganz besondere Weise begrüßten. Obwohl der Verkehr recht dicht war, beschloss Hermann, etwas langsamer zu fahren und den Moment zu genießen, da er unter den beiden Stahlträgern durchfuhr. Zu seinem Erstaunen legte Kerstin ihren Kopf sanft an seine Schulter und er sah für einen Bruchteil einer Sekunde in ihre Augen. Sie hatten sich völlig verändert und strahlten nun, da sie den Scheitelpunkt der Brücke überfuhren, jene Zuneigung aus, die er so sehr an ihr liebte. Welche Kräfte waren hier am Werk und wie würde es werden, wenn sie erst auf der Insel waren? Würde sie ihnen ihr Glück neu schenken, oder würden sie am Ende des Aufenthalts erkennen, dass es zu spät war, ihre Beziehung zu retten? Würden sie Rügen mit einem Gefühl des wiedergefundenen Glücks und lodernder Liebe, oder dem Gefühl der Trauer wieder verlassen? Das Paar ahnte nicht, über welche Magie die Insel verfügte und das war auch gut so, denn hätten sie es geahnt, würden sie bedauern, nicht schon viel früher dieses Eiland an der Ostsee aufgesucht zu haben.

Zunächst waren sie in Richtung Binz gefahren. Doch mussten sie rasch feststellen, dass hier alles ausgebucht war. Weiter ging es nach Sellin, wo sie sich umsahen und feststellten, dass es auch hier sehr schwer war, noch ein bezahlbares Quartier zu finden. Erst in Baabe fanden sie per Zufall eine alte Seebädervilla, die ihnen gefiel und bezahlbar war. Kaum hatten sie ihren Wagen entladen, hielt es sie nicht lange. Trotz aller Erschöpfung begab sich das Paar, so schnell es konnte, an den Strand. Hier hatten sich viele Menschen versammelt und sahen in

Richtung Westen, wo sich die Sonne anschickte, unterzugehen. Zu seiner Verwunderung stellte Hermann fest, dass es überwiegend Paare waren, die sich an den Händen hielten, um diesem Ereignis still und voller zärtlicher Gefühle beizuwohnen. So nahm auch er ihre Hand und tat es ihnen gleich. Er spürte, wie glücklich er damit seine Frau machte, denn erneut sah sie ihn zärtlich und liebevoll an. Da war es plötzlich wieder. Jenes Gefühl aus der Anfangszeit ihrer Beziehung. Wie eine Stichflamme verbrannte sie alles Störende, was ihre Beziehung so lange erkalten ließ. Sein Herz begann zu rasen und als sie sich fest an ihn schmiegte, wusste er, dass es ihr nicht anders erging. Während es so langsam dämmerig wurde, erstrahlte das Licht ihrer Herzen immer heller. In den folgenden drei Wochen verliebte sich das Paar neu ineinander. Rügen wurde seinem Ruf gerecht, denn schon unzähligen Paaren hatte die Insel das Glück neu geschenkt. „Verliebt auf Rügen" wurde für sie mehr als nur ein Werbeslogan. Das Paar genoss jede Sekunde, da sie ihr Glück neu gefunden hatten. Nie vergaßen sie jene berauschenden Tage und Nächte auf der Insel. Ja sie liebten sich stürmischer wie zu Anfang ihrer Beziehung. Wie die Wellen der Ostsee überrannten sie ihre Gefühle und schenken ihnen eine Art von Glück, das sich anschickte, sie nie wieder zu verlassen. Selbst auf ihren Exkursionen über die Insel spürten sie, wie stark die Macht der Insel sie doch veränderte. Dass sie in Dranske zwei Hühnergötter fanden, schien daher kein Zufall zu sein. Gelten diese Steine mit dem Loch darin doch als Glücksbringer. Zu ihrer Freude besorgte Hermann eine dünne Goldkette, an dem von nun an der Stein ihrer Liebe hing. Als besondere Überraschung für sie hatte er ihr außerdem eine Bernsteinkette geschenkt. Beide Stücke würden für viele Jahre ein Beweis ihrer wiedergewonnen Liebe darstellen und wann immer sich die Gelegenheit ergab, trug sie sie.

Als das Paar nach drei Wochen wieder unter den Pylonen der Rügenbrücke durchfuhr, mischte sich neben der Freude ein Tropfen Trauer in ihre Gedanken. Zu gerne wären sie noch länger geblieben, um das vollkommene Glück hier auf der Insel zu genießen. Zugleich war ihnen klar, dass sie sobald als möglich wieder auf die Insel kommen würden, denn wie heißt es auch: „Wer einmal auf Rügen war, kommt wieder.“ So sollte es kommen.

Inzwischen sind viele Jahre vergangen und aus dem Paar wurde eine Familie. Ihre Liebe ist seit jenem ersten Besuch auf Rügen nie erkaltet und brennt auch heute, viele Jahrzehnte später, immer noch wie in jenem Moment, da sie erstmals über die Brücke auf die Insel kamen. So ergeht es vielen die hier ihr Glück fanden und so wird es jenen ergehen, die noch über sie fahren. Für all sie bilden die beiden Pylone das Sinnbild willkommen auf Rügen zu sein.

Die Rose am Strand

Es geschah im heißen Sommer 2018. Auch wenn Christian schon öfters auf Rügen seinen Urlaub verbracht hatte, so konnte er sich nicht erinnern, dass es je so warm auf der Insel war. So wie ihn zog es die Menschen in Scharen an die Strände, um hier Abkühlung vor der sengenden Hitze zu finden. Da es ihm an den Stränden der Ostküste zu voll war, suchte er lange nach einer Alternative. Von einem Bekannten hatte er erfahren, dass der Strand in Bakenberg nicht so überlaufen war und als Geheimtipp galt. Als Christian den schmalen Waldstreifen im Windland erreichte, war er zunächst skeptisch, denn er konnte sich nicht vorstellen, dass sich hier im Nordwesten ein solcher Strand befand. Hierher, zwischen Dranske und Nonnewitz, fuhren doch nur Urlauber, die es eher bescheiden und etwas rustikaler liebten, oder eben Camper mit ihren Zelten und Wohnmobilen. Er hingegen liebte den Luxus der Ostküste und das rege Treiben an den Strandpromenaden zwischen Binz und Göhren. Daher war er zunächst enttäuscht, als er den Strand sah. Ja sicher, auch hier gab es jenen feinen Sand, für den die Strände der Insel bekannt und beliebt waren, doch damit hatte es sich im Grunde auch schon. Er ahnte nicht, dass er recht bald erfahren sollte, dass es hier etwas gab, das ihn schnell in seinen Bann zog.

Gedankenverloren war er die Holztreppe zur Wasserlinie hinuntergegangen. Sein Blick fand die Weite der See und seine Ohren vernahmen die Geräusche der Erholungssuchenden. Ja, das Publikum hier unterschied sich doch sehr von jener Eleganz der Seebäder an der Ostküste. Hier gab es weder eine Trennung der verschiedenen Strandabschnitte in Textil-, FKK- und Hundestrand, noch sonstige Bestimmungen. Auch fehlte die Wasserwacht der DLRG, was ihn etwas irritierte, da sich auch hier große Menschenmengen am Strand befanden.

Irgendwie ging es hier etwas rustikaler, aber auch ungezwungener zu. Die Besucher dieses Strandes waren natürlicher und genau diese Stimmung war es, die ihn zu seiner Verwunderung einfing. Hier schienen alle gleich zu sein. Man sah den Besuchern nicht ihren Status in der Gesellschaft an. Die ganze Palette, so wie in einem großen Farbkasten bunter Stifte, aus allen Teilen der Gesellschaft, schien sich hier einzufinden. Es gab keine anerkennenden oder ablehnenden Blicke oder gar anzügliche Bemerkungen. Hier schienen alle gleich und waren nur glücklich. Waren das nicht im Grunde Ursprung und Sinn der kostbarsten Wochen des Jahres? Diese und andere Gedanken gingen Christian durch den Kopf, während er so am Strand entlang ging.

Plötzlich und völlig unverhofft sah er etwas auf dem Wasser schwimmen, was seine Aufmerksamkeit erregte. Was war das denn? Er schaute genauer hin. Da schwamm doch tatsächlich eine Rose auf dem Wasser. Die Wellen trugen die Blume direkt auf ihn zu, und er ergriff sie vorsichtig, als sei diese Rose ein Schatz. Er besah sie sich genauer und fragte sich, wie das sein konnte. Woher stammte diese Rose und wer hatte sie dem Meer anvertraut? Noch nie hatte er je eine Blume am Strand gefunden und auch nie gehört, dass andere eine gefunden hatten. Wenn, dann war es Bernstein, oder Hühnergötter die man fand und als Andenken mitnahm. Eine Rose, wie jene, die er nun in seinen Händen hielt, gehörte nicht dazu. Schon wollte er sie achtlos zur Seite legen, als ihn eine innere Stimme ermahnte, es nicht zu tun. Während der nächsten Stunden wanderte er am Strand entlang, bevor er zurück in seine Unterkunft an der Ostküste fuhr. Die Rose nahm er dabei mit.

In den folgenden Tagen sah man ihn nun öfters hier am Strand in Bakenberg. Er verstand sich ja selbst nicht, dass es ihn immer wieder hierherzog. Nur sein Unterbewusstsein schien zu wissen, warum. Immer wieder stellte er sich dieselbe Frage: Was hatte es mit dieser Rose auf sich? War sie vielleicht ein Zeichen seines Schicksals? Wollte ihm das Leben einen Wink geben, den er nicht verstand? Würde er je eine Antwort auf diese Frage bekommen? Obwohl er sich doch eigentlich erholen wollte, spürte er jene quälende Ungewissheit, die ihn umfing und selbst des Nachts nicht zur Ruhe kommen ließ. Selbst in seinen Träumen verfolgte ihn der Wunsch nach einer Antwort auf diese Fragen. Schon war er kurz davor, seinen Urlaub abzubrechen, um diesen Gedanken zu entfliehen. Dass es anders kommen sollte, erfuhr er wenige Tage später.

Er war am Ende des Sandstrandes in Nonnewitz angekommen. Von hier aus, bis kurz vor das Kap Arkona, war der Strand völlig anders und von Kies und größeren Steinen geprägt. Hierher verloren sich nur Strandwanderer oder Menschen, die die Einsamkeit suchten. Warum es ihn hierher zog, wusste er nicht. Er war nur seinem Instinkt gefolgt. Zu seiner Verwunderung sah er eine Frau mittleren Alters, die immer wieder an den Gestaden, zwischen den Steinen und dem Geröll, etwas zu suchen schien. Hatte sie etwa etwas verloren, vielleicht sogar ihren Ehering? Schon wollte er sich abwenden, als er ihren traurigen Blick sah. Irgendetwas hatte diese Frau an sich, was ihn nicht losließ. Entgegen seiner Gewohnheit sprach er sie spontan an und rechnete schon mit einer schroffen Antwort.

„Entschuldigen Sie, aber mir ist aufgefallen, dass Sie augenscheinlich etwas suchen“, begann er zögerlich. Die Unbekannte schaute ihn an und er bemerkte wieder ihren sehr traurigen Blick.

„Eigentlich geht es Sie nichts an, aber ja, ich suche tatsächlich etwas. Doch werde ich es nie finden“, entgegnete sie.

Schon wollte er sich endgültig abwenden, als ihn etwas davon abhielt.
„Was kann man suchen, von dem man weiß, dass man es nie finden wird“, fragte er nach. Die Frau sah ihn unverständlich an.
„Sie werden es nicht verstehen und daher wäre es sinnlos, es zu erklären.“ Ihre Stimme hatte sich verändert und sie schien verärgert zu sein.
„Ich heiße Christian“, versuchte er die Wogen zu glätten und setzte nach: „Ich wollte Sie nicht verärgern, aber ich sah die Trauer in ihrem Blick“, stellte er fest. Erneut zögerte sie und sah ihn an, als versuchte sie, ihn einzuschätzen.
„Ich heiße Bettina“, stellte sie sich wohl mehr gezwungenermaßen vor. „Ja, Sie haben recht, Christian, ich bin sehr traurig“, gab sie schüchtern zu.
„Darf ich nach dem Grund fragen?“, bohrte er nach, denn es schien ihm, als würde er von ihr die Antwort auf jene Fragen bekommen, die ihn seit Tagen beschäftigten.
„Fragen dürfen Sie, aber ob sie es verstehen, bezweifle ich, denn ich suche nach dem Glück, das ich hier verloren habe.“ Nun war es an ihm, sie fragend anzusehen, was sie sofort bemerkte. „Sehen Sie, ich wusste, dass Sie es nicht verstehen.“
„Wie sollte ich auch, da ich den Grund nicht kenne.“
„Wollen sie das wirklich wissen?“
„Ja!“
„Nun, ich hoffe, Sie haben etwas Zeit. Normalerweise binde ich niemandem auf die Nase, was mich so traurig macht, aber sie scheinen eh nicht eher Ruhe zu geben, bis sie es erfahren haben.“
„Ja, das stimmt. Ich bin eben ein neugieriger Mann. Das ist einer meiner Wesenszüge.“ Spontan lachte sie auf.
„Das merke ich schon. Also gut, damit ihre Seele Ruhe hat, sollen Sie erfahren, was passiert ist.“ Sie sah sich erneut um.

Ihr Blick fiel auf einen herabgestürzten Baum, der wohl im Rahmen eines Küstenabbruchs hier am Strand lag. Sie begab sich dorthin und setzte sich. Christian folgte ihr und tat es ihr nach, wobei er auf eine gewisse körperliche Distanz zu ihr achtete, da sie für ihn im Grunde doch eine völlig fremde Person war. Bevor sie begann zu erzählen, schweifte ihr Blick weit hinaus auf das Meer. Zögerlich begann sie:

„Ich lebte viele Jahre sehr glücklich mit meinem Mann. Wir hatten alles, was man von einem erfüllten Leben erwarten konnte und nichts schien sich je daran zu ändern. Beruflich und privat erfüllten sich unsere Träume und Wünsche. Wir besaßen ein wunderschönes Eigenheim und führten ein sorgenfreies Leben. Nichts schien sich daran zu ändern. Dann aber kam jener Tag, an dem unser Glück auf eine harte Probe gestellt wurde und der letztendlich der Grund dafür ist, warum ich hier und heute hier am Strand bin.
Mein geliebter Mann begann, sich über stechende Schmerzen in der rechten Bauchhälfte zu äußern. Zunächst dachten wir nicht groß darüber nach und sahen es als Folge unseres Lebens auf der Überholspur an. Wir hofften, dass durch etwas mehr Ruhe die Schmerzen bald vergingen. Zunächst schien es auch so, denn sein Zustand verbesserte sich anfänglich. Schon schienen sich unsere Hoffnungen zu erfüllen, als die Schmerzen zurückkehrten. Erst auf mein Drängen hin begab er sich nun zu unserem Hausarzt, der ihn soweit es ihm möglich war, untersuchte. Er schob es auf eine Magenschleimhautentzündung, die sich stressbedingt bei meinem Mann eingestellt hatte und behandelte sie entsprechend. Doch leider ohne jeden Erfolg. Die Schmerzen blieben und wurden sogar noch schlimmer. Da unser Arzt ratlos war, riet ich meinem Mann, sich ins Krankenhaus zu begeben, wo man andere Möglichkeiten hatte, der Ursache auf den Grund zu gehen. Nach einer ausgiebigen

Untersuchung wurden wir in das Zimmer des behandelnden Arztes gebeten. Nie werde ich seinen sorgenvollen Blick vergessen, denn hier begann das Ende unseres bisher sorgenfreien Lebens.

„Ihr Mann, so haben unsere Untersuchungen festgestellt, leidet unter einer fortgeschrittenen Form von Bauchspeicheldrüsenkrebs“, erklärte man uns. Ich sah meinen Mann und den Arzt fragend an. Inzwischen ging ich in meiner Naivität davon aus, dass Krebs längst kein Todesurteil mehr war, da die meisten Arten durch die verschiedensten Behandlungsmethoden heilbar waren.
„Was bedeutet das für meinen Mann, und wie lange wird es dauern, bis er wieder gesund ist“, fragte ich nach. Bereits der Blick des Arztes nahm die Antwort vorweg.
„Diese Art des Krebses gehört zu den heimtückischsten Arten überhaupt, da sie im Anfangsstadium oft überhaupt nicht bemerkt, oder oft als Magenkrankheit gedeutet wird. Genau das hat ja auch ihr Hausarzt völlig zu Recht so festgestellt. Daher können sie ihm keinen Vorwurf machen. Erst im fortgeschrittenen Stadium, in dem sich Ihr Mann zu meinem Bedauern befindet, ist diese Krebsform klar festzustellen. Leider ist es dann oft zu spät, denn diese Art des Krebses hat längst gestreut und neue Herde in Form von Metastasen gebildet. Sicher, auch jetzt können wir sie noch entfernen und anschließend behandeln, aber so gerne ich Ihnen auch Mut machen möchte, so sollten sie wissen, dass statistisch nur zwischen zehn und zwanzig Prozent der Betroffenen geheilt werden können. Ich sehe es als meine Pflicht an, ihnen das so deutlich zu sagen, um ihnen nicht eine Illusion zu schenken, die zerbricht. Bei ihrem Mann ist der Krebs nach vorliegenden Ergebnissen längst so weit fortgeschritten, dass eine erfolgreiche Behandlung und damit Heilung fast ausgeschlossen ist. Sicher, wir können alles in

unserer Macht Stehende tun, aber ich bin skeptisch, dass es uns gelingt." Damit endete die Erklärung des Arztes. Bettina schwieg und sah Christian an.

„Ich weiß nicht, ob Sie verstehen, wie ich mich damals gefühlt habe. Es war, als würde mein Leben plötzlich enden. All unsere Träume und Visionen für die Zukunft schienen plötzlich jeden Sinn verloren zu haben. Ein bodenloser Abgrund tat sich damals vor uns auf. Trotz der geringen Aussichten auf Heilung stimmten wir gemeinsam einer weiteren Behandlung zu. Es war jener Strohhalm, an den wir uns klammerten und jeder Moment, da es meinem Mann gut ging, wurde zu einem Glücksmoment. Wir lebten unser Leben plötzlich viel bewusster, da wir erkannten, dass es jederzeit enden konnte. Damals begriff ich auch, was es heißt, das Leben mit anderen Augen zu sehen und jeder Augenblick kostbar war. In den folgenden Wochen verschlimmerte sich sein Zustand zusehends und es war abzusehen, dass es an der Zeit war, sich mit seinem Tod abzufinden, auch wenn sich alles in mir dagegen wehrte. Trotz aller Bedenken fuhren wir in dieser Zeit oft hier auf die Insel, denn wir hatten von der besonderen Heilkraft der Kreidefelsen gehört. Wir hofften auf ein Wunder, doch leider vergebens. Bei unserem letzten gemeinsamen Aufenthalt hier auf Rügen äußerte mein Mann die Bitte, dass seine Asche hier vor der Insel im Meer versenkt wurde, da wir hier unsere letzten schönen Tage erlebt hatten. Ich versprach es ihm. Einige Wochen hatten wir noch, doch dann kam jener Augenblick, da der Tod ihn ereilte. So wie ich es ihm einst versprochen habe, ließ ich seine Asche vor einigen Tagen hier auf See verstreuen. Als letzten Gruß und Beweis meiner Liebe zu ihm warf ich eine Rose ins Wasser. Nun hoffe ich darauf, dass die Strömung sie hier an die Küste spülen würde, denn damit hätte ich eine allerletzte Erinnerung an ihn. Das ist auch der Grund, warum Sie mich hier am Strand suchend sehen. Ich suche jenes Glück, das ich nie wieder finden werde." Damit endete Bettinas Geschichte. Sie schwieg und sah nur sehnsüchtig auf das Meer und die Wellen. Christian sah sie schweigend an und verstand. Nun also war ihm klar, warum er die Rose gefunden hatte, aber sollte er es ihr sagen? Er zögerte.

„Sie sind doch noch so jung. Sicher, die Erinnerung an ihr verlorenes Glück wird bleiben, aber der Schmerz wird nach und nach weniger", versuchte er sie zu trösten. Nun war es an ihr, ihn anzusehen.
„Meinst du, Pardon, meinen Sie wirklich, dass es möglich ist?", fragte sie hoffnungsvoll.
„Ich bin mir ganz sicher, denn …" Sie bemerkte sein plötzliches Zögern.
„Was denn? Was hast du Christian?" Erneut zögerte er.
„Ich fand vor einigen Tagen eine Rose hier am Strand von Bakenberg. Nachdem ich nun deine Geschichte gehört habe, bin ich mir fast sicher, dass es jene Rose ist, die, du deinem geliebten Mann als letzten Gruß mitgegeben hast." Sie sah ihn erstaunt an.
„Ist das wirklich so, oder versuchst du, mich zu trösten, indem du mir eine Geschichte erzählst?"
„Es ist die Wahrheit. Ich habe die Rose in meiner Unterkunft aufbewahrt. Bis jetzt habe ich mich immer nach dem Grund gefragt, aber du hast mir jene Fragen beantwortet, die mich so sehr quälten und mir die Freude am Urlaub verdarben. Wenn du möchtest, gebe ich sie dir gerne zurück, denn schließlich ist es deine Rose und deine Erinnerung."
„Das würdest du tun?"
„Ohne zu zögern, ja!" Sie sah ihn nun plötzlich mit ganz anderen Augen an. In ihr reifte ein Gedanke, den sie zunächst nicht wahrhaben wollte. War das vielleicht ein Zeichen ihres verstorbenen Mannes, das Leben neu anzupacken?

War vielleicht Christian, den sie bis vor wenigen Momenten gar nicht kannte, jener Fingerzeig und sein Wunsch aus der Ewigkeit? Wenn ja, so hatte er ihr nachträglich ein Geschenk gemacht, wie es nicht wertvoller sein konnte. Zugleich aber kamen ihr Zweifel an diesem Gedanken, denn sie wusste nichts über Christian. Wie war er als Mensch und würden sich überhaupt jene Gefühle entwickeln wie zwischen ihrem Mann und ihr? Fragen über Fragen, doch wusste sie auch, dass die Antworten allein in der Zukunft lagen. Nun war es an ihr, Fragen zu stellen, die Christian betrafen und er beantwortete jede einzelne, ohne auch nur einen Moment zu zögern. Die Stunden vergingen wie im Flug und als sich der Himmel rötlich färbte, sahen sie gemeinsam den Sonnenuntergang. Erst jetzt bot er ihr erneut an, ihr die Rose zurückzugeben. Zu seinem Erstaunen lehnte sie es ab. Stattdessen sah sie ihm tief in die Augen.
„Wenn es der Wunsch meines verstorbenen Mannes ist, dass du sie gefunden hast, so soll sie bei dir bleiben. Es mag dich überraschen, was ich dir jetzt sage, aber ich werde den Gedanken nicht los, dass mein Mann hier noch einmal seine Finger im Spiel hat." Christian nickte und verstand.

Seit jenem schicksalhaften Tag sind Jahre vergangen. So wie sie es geahnt hatte, wurde aus der anfänglichen Freundschaft eine tiefe und innige Beziehung, in der die Liebe einen großen Anteil hatte. Längst sind die beiden verheiratet und haben zwei wundervolle Kinder. Die Rose aber, die er einst gefunden und die auf wundersame Weise sein Leben verändert hatte, steht als Erinnerung in Acryl gegossen auf einem Ehrenplatz in ihrer Wohnung. Nie hat er je darum gebeten, ihren verstorbenen Mann zu vergessen, denn letztendlich verdanken sie ihm ihr eigenes Glück. Somit ist jene Rose vom Strand in Bakenberg dafür verantwortlich.

Kiter und Camper

Wer Christa und Helmut sieht, kann sich kaum vorstellen, dass die zwei seit Jahren ein Paar sind, denn dazu sind sie äußerlich einfach zu unterschiedlich. Während sie eine elegante Erscheinung ist, der die Männer gerne hinterherschauen, gehört er zu jener Art von Männern, die kaum, wenn überhaupt beachtet werden. Er hat ein paar Kilos zu viel auf den Rippen, wie man so gerne sagt und auch sonst ist er eher rundlich und entspricht somit ganz sicher nicht dem Idealbild eines Mannes in den Dreißigern. Das aber hat Christa noch nie gestört, denn sie kennt seine inneren Werte. Dass sie sich kennen und lieben lernten, verdanken sie einem Zufall. Es geschah vor Jahren am Strand von Dranske hier auf der Insel Rügen.

Als sehr sportliche Frau hatte sie ihre Leidenschaft für das Kitesurfen entdeckt. Für sie gab es nichts Schöneres, als sich vom Wind und dem Kitedrachen über das Wasser ziehen zu lassen. Gerade hier zwischen Hiddensee und Rügen sind die idealen Bedingungen, denn während der Wieker Bodden eher ein ruhiges, aber großflächiges Gewässer ist, auf dem auch Anfänger leicht diese Art der sportlichen Betätigung erlernen können, finden sich auf der freien Ostsee eher jene ein, die schon sehr geübt sind. Sicher, der Wellengang ist nicht jener wie an der Nordsee, aber dafür gilt dieses Gebiet hier im Westen der Insel als nicht zu sehr überlaufen. Hier können sich die Kiter völlig ungezwungen ihrem außergewöhnlichen Hobby hingeben. Manche von ihnen wagen sogar den Ritt mit dem Drachen vom Fischland zur Insel Rügen. Wer einmal solch einen Trip über die Wellen gemacht hat, vergisst ihn sein ganzes Leben nicht mehr. So war es auch bei ihr gewesen.

Helmut hingegen hatte mit Sport wenig am Hut. Er fuhr lieber mit seinem Wohnmobil nach Rügen wegen der Ruhe und der unvergleichlichen Landschaft. Zudem gelten die Campingplät-

ze hier als besonders gepflegt und liegen zum überwiegenden Teil direkt in Küstennähe. Sein erster Besuch auf Rügen hatte ihn seinerzeit auch nach Dranske, in Richtung der Halbinsel Bug, zu jenem Parkplatz geführt, von wo aus man den schönsten Blick auf Hiddensee hat. Als er dort eintraf, wunderte er sich zunächst über die Kennzeichen an den Fahrzeugen. Es schien ihm, als würde sich hier ganz Deutschland treffen, nur um diesen Blick zu genießen. Wie recht er in seiner Annahme hatte, ahnte er damals noch nicht. Zunächst war er froh, hier zu sein und endlich die Ostsee vor seiner Nase zu haben.
Kaum dass er nach der langen Fahrt aus seinem mobilen Eigenheim ausstieg, bemerkte er, wie anders es hier doch war. Da war nicht die Enge der Großstadt, da war nicht der Lärm und auch nicht der Gestank. Selbst alle Hektik schien hier von Wind und Wellen aufgesogen. Stattdessen bot sich seinen Augen eine Weite, die einzig und allein am Horizont, dort wo sich die Ostsee und der Himmel berührten, endete. Die Luft hier war so klar, dass man sie fühlen konnte. Genau nach dieser Freiheit hatte er sich so lange gesehnt, denn beruflich kannte er nur sein enges Büro, in dem er tagtäglich eingepfercht sein Arbeitspensum erledigte. Sicher, ohne diese Arbeit hätte er sich niemals einen gehobenen Lebensstandard erlauben können, doch tief in seinem Innern sehnte er sich schon immer nach einem Leben, das nicht allein auf Leistung und Erfolg beruhte. Um dieser Art von Leben zu entfliehen, hatte er sich ja das schicke Wohnmobil zugelegt. Es gab ihm für die Zeit des Urlaubs die Freiheit. Zugleich war er nicht immer an einen Ort gebunden. Wenn es ihm auf einem Platz nicht mehr gefiel, stieg er ein und suchte sich einen anderen. Das wäre bei einer Ferienwohnung oder einem Hotelzimmer nicht möglich. Überhaupt liebte Helmut eher das Gemütliche, was man der Einrichtung seines Wohnmobils auch ansah. Hier hatte er sein kleines Refugium nach seinen ganz persönlichen Vorstellungen erschaf-

fen. Zugleich war er nicht der kontaktfreudige Mensch, denn er wusste, dass ihn viele wegen seiner äußeren Erscheinung ablehnten. Immer wieder hatte er es von seinen Arbeitskollegen, oder auch an den bekannten Stränden der Nordsee gehört. Doch, das war ihm letztendlich egal, denn er war eben so, wie er war und damit zufrieden. Sollten die anderen doch über ihn denken, was sie wollten. Dass er auch eine andere, sehr freundliche Art hatte, bemerkten nur jene, die ihn besser kannten. Gerade die Wohnmobilfahrer schienen eine besondere Gemeinschaft zu sein, bei denen der Charakter wichtiger, als das Aussehen war. Unter ihnen fühlte er sich wohl, da man ihn so annahm, wie er war. Hier schien jeder gleich und oft saß man zusammen, um gemeinsam die Freiheit und Geselligkeit zu genießen. Bei diesen Zusammenkünften kam es auch schon mal vor, dass es später wurde und der Alkohol seine Wirkung zeigte. Wenn man müde war, begab man sich einfach in sein Fahrzeug, ohne dass es jemanden störte oder dass man es ihm übelnahm.

So war es auch in jenem Urlaub gewesen, den er wieder auf Rügen verbrachte. Wie fast immer fuhr er zunächst hier an den Strand nach Dranske, denn hier begann für ihn im Grunde sein Urlaub. Erst später suchte er sich einen Platz, auf dem er dann den Rest der Zeit blieb. Wie immer war er zum Strand gegangen, um mit dem Blick auf Hiddensee und die Ostsee seinen Urlaub einzuläuten. Es war für ihn schon eine persönliche Tradition geworden. An diesem Tage sah er jene Kitesurfer, die sich auf den Wellen vergnügten. Er war näher an den Kiesstrand getreten und hatte seine Augen zu Bodden gerichtet, in der Hoffnung den einen oder anderen Hühnergott zu finden. Gerade dieser Strandabschnitt war dafür bekannt, dass man diese Steine mit dem Loch fand. Auch Helmut kannte den Brauch, dass man solche Steine verschenkte, damit sie anderen

Glück brachten. In den Jahren zuvor hatte er so manchen Stein gefunden und verschenkt. Bei seiner Suche vergaß er die Welt um sich und bemerkte daher nicht den Schatten über seinem Kopf. Erst als der Kite ihn urplötzlich einhüllte, sah er erschrocken auf. Was sollte das denn?, fragte er sich verärgert, während er versuchte, sich aus dem Stoff zu befreien.

„Entschuldigung, das habe ich so nicht gewollt“, hörte er eine weibliche Stimme. „Ich hoffe, Sie haben sich nicht verletzt.“ Schon wollte sich Helmut zornig äußern, als er sich eines Besseren besann.

„Nein, haben Sie nicht, mir war nur nicht bewusst, dass hier die Frauen ihre Männer mittels Drachen einfangen“, gab er lachend zu verstehen, während er weiterhin versuchte, sich aus seinem luftigen Gefängnis zu befreien. Schließlich wollte er jene Unbekannte sehen, die ihn in diese Situation gebracht hatte. Wer war sie und wie würde sie reagieren, wenn sie ihn sah? Bisher war es fast immer so gewesen, dass er Ablehnung erfuhr, wenn man ihn sah. Dass es heute ganz anders kommen würde, ahnte er nicht. Nach wenigen Minuten und mithilfe von außen war es geschafft. Nun sah er die Unbekannte und sie ihn. Überrascht sah er die sportliche, schlanke, unbekannte Frau vor sich, die ihn schuldvoll und verlegen anlächelte.

„Hallo, schön sie endlich zu sehen“, begann er und fügte aus einer Laune hinzu: „Machen Sie das öfter?“

„Ebenfalls hallo, und nein, das war wirklich ein Versehen, es ist mir das erste Mal passiert. Der Wind hat den Kite zu Boden gedrückt und ich sah mit Schrecken, dass er sich ausgerechnet auf sie niedersenkte.“ Helmut spürte erneut die Verlegenheit in ihrer Stimme.

„Außer einem Schrecken ist nichts passiert“, gab er zu verstehen.

„Das freut mich wirklich zu hören. Ich heiße übrigens Christa.“

„Und ich bin Helmut.“

„Hallo Helmut, es freut mich, dich kennenzulernen. Auch wenn der Umstand wirklich etwas verrückt ist.“
„Da stimme ich dir zu.“ Er wunderte sich selbst, wie leicht es ihm fiel, mit der Unbekannten ins Gespräch zu kommen. Sie musterte ihn und schon befürchtete er eine Enttäuschung. Würde sie nun ihren Drachen zusammenpacken und ihrer Wege gehen. Wäre diese Begegnung auch nur ein kurzes Intermezzo, ein Moment, der bedeutungslos war? Er hoffte nicht, denn die unbekannte Frau war ihm auf Anhieb sympathisch.
„Darf ich Sie auf einen Kaffee bei mir im Wohnmobil einladen?“ Schon rechnete er mit einer Ablehnung, als sie zu seiner Freude einwilligte.
„Warum nicht, auf diesen Schreckmoment könnte ich wirklich einen Kaffee vertragen, auch wenn ich es sein müsste, der sie dazu einlädt. Aber erst muss ich meinen Kite zusammenpacken“, gab Christa zu verstehen. Bewundernd sah Helmut, wie die zierliche Frau es schaffte, den Drachen binnen weniger Augenblicke zusammenzulegen. Am Ende lag nur noch ein großes Paket zu ihren Füßen, das sehr schwer schien. Schon wollte er ihr anbieten zu helfen, als sie ihm zu verstehen gab, dass es nicht nötig sei. „Das schaffe ich schon allein.“ War das ein Zeichen der Ablehnung? Der Klang ihrer Stimme deutete zumindest darauf hin. „Entschuldige, aber was den Kite angeht, so bin ich sehr eigen“, gab sie ihm zu verstehen, so als ob sie seine Gedanken erraten hätte. „Das hat übrigens nichts mit dir zu tun, sondern einfach damit, dass ich schon zu oft erlebt habe, dass Nichtkiter schnell die Schnüre falsch zusammenlegen und ich nachher das Problem habe, sie zu entwirren.“ Helmut nickte verständnisvoll, denn er war sich sicher, dass auch er sicher Fehler gemacht hätte.
„Wie ist es nun mit dem Kaffee?“, unterbrach sie seinen Gedanken.
„Gerne doch. Kommen Sie doch mit. Meine rollendes Eigen-

heim steht gleich hier vorn auf dem Parkplatz."
„Waren wir nicht schon beim Du?", fragte sie nach.
„Stimmt, da haben Sie, Pardon, da hast du natürlich recht." Er hob einladend die Hand und sie folgte ihm. Noch schien alles wie eine ganz normale Situation zu sein, so wie man sie täglich erlebt. Dass es der Beginn von etwas ganz Besonderem sein würde, ahnten die beiden nicht. Sie kamen zu seinem Fahrzeug und Helmut öffnete die Türe. „Dann mal rein in die gute Stube, Ladys first." Sie lachte ihn an und schon spürte er jenes Gefühl, das er so lange vermisst hatte. Wieder fragte er sich, ob es ein Trugschluss war, ein flüchtiger Moment, der schnell verfliegen würde.
„Gemütlich hast du es hier", stellte sie fest und begab sich auf eine der gepolsterten Bänke, wo sie sich hinsetzte.
„Danke für das Lob", bedankte er sich. „Ich gebe zu, es mag etwas eigensinnig eingerichtet sein, aber mir gefällt es so."
„Das kann ich gut verstehen. Es ist wirklich sehr heimelig. Wieder stimmte er zu, während er frische Kaffeebohnen in die Maschine gab. „Magst du deinen Kaffee leichter oder lieber etwas stärker?", fragte er nach.
„Lieber etwas stärker, denn ich war über eine Stunde auf dem Brett. Da könnte ich etwas Stärkeres und Warmes vertragen." Helmut nickte und stellte die Maschine entsprechend ein. Während nun das raschelnde Geräusch der Maschine zu hören war, holte er zwei Tassen aus einem der angebrachten Schränke.
„Milch und Zucker?", fragte er nach. „Nein. Ich liebe Kaffee schwarz."
„Ich habe noch etwas Kuchen im Schrank. Möchtest du davon ein Stück?" Wieder lehnte sie ab. Also schien alles doch nur auf einen kleinen Moment der Zweisamkeit hinauszulaufen, stellte er enttäuschend für sich fest. Er setzte sich ihr gegenüber und sah sie nur stumm an, während sich der würzige Duft des Kaffees im Raum ausbreitete.

„So ein Wohnmobil hätte ich auch gerne, denn es würde mir vieles erleichtern“, stellte sie in der Stille des Moments fest.
„Ja, es hat schon was. Man ist nicht immer an einen Ort gebunden“ bestätigte er ihre Gedanken. „Von wo aus bist du überhaupt gekommen?“, fragte er nach.
„In Preow bin ich gestartet, um die Nordspitze von Hiddensee herum bis hier nach Dranske“.
„Alle Achtung, das kann ich mir kaum vorstellen. Ich kann mir nicht vorstellen, so etwas zu tun, denn so eine Wasserratte bin ich leider nicht, auch wenn ich gerne am Wasser bin.“
„Bei mir ist das ganz was anderes. Seit ich kite, ist es für mich wie eine Sucht geworden. Wann immer es geht, bin ich auf dem Wasser und genieße das Spiel mit dem Wind und den Wellen.“
„Das kann ich mir vorstellen, doch wie kommst du nun nach Preow zurück?“
„Ein befreundeter Kiter holt mich hier ab. Ich warte auf seinen Anruf.“
„Ah verstehe. Sicher ist er mehr als nur ein Freund?“
„Währst du enttäuscht, wenn dem so wäre?“
„Ja und nein, denn ich gebe zu, du bist mir sehr sympathisch. Es mag dich verwundern, denn wir kennen uns ja erst wenige Augenblicke.“ Er wollte noch etwas hinzusetzen, als ihr Handy klingelte.
„Moment bitte, das ist mein Freund“, entschuldigte sie sich. Das Gespräch mit dem Unbekannten am anderen Ende der Leitung dauerte einen Moment. Als sie es beendete, sah er die Enttäuschung in ihren Augen. Währenddessen hatte er den Kaffee in die Tassen geschüttet.
„Nun habe ich ein Problem“, gab sie zu verstehen.
„Was ist passiert?“
Mein Bekannter wird nicht kommen, um mich abzuholen, denn er ist nach Preow zurückgekehrt. Er gab mir zu verstehen, dass

ich versuchen müsste, auf andere Weise an meinen Ausgangspunkt zurückzukehren."

„Das tut mir sehr leid für dich."

„Muss es nicht, aber du wirst verstehen, dass ich leider nicht länger bleiben kann, auch wenn ich zugebe, dass ich beginne, mich in deiner Nähe wohlzufühlen." Diese Aussage überraschte ihn nun doch.

„Mir geht es nicht anders, Christa. Ich gebe zu, dass ich dich gerne besser kennenlernen möchte." Sie lächelte ihn an und begann zu hoffen. Schon wollte sie aufstehen, als er sie bat, sitzen zu bleiben.

„Ich muss mich doch um eine Fahrgelegenheit kümmern", rechtfertigte sie sich.

„Das brauchst du nicht mehr, denn ich kann dich ja nach Preow fahren."

„Das würdest du für mich tun? Ich gebe dir gerne das Geld für die Fahrt."

„Das ist nicht nötig. Deine Gesellschaft ist mir Lohn genug. Außerdem, und das gebe ich zu, haben wir so mehr Zeit, uns kennenzulernen." Sie lachte hell auf.

„Das stimmt Helmut."

„Na lass uns erst mal den Kaffee genießen. Danach packen wir deinen Drachen ein und fahren los."

„Das ist kein Drache, sondern ein Kite", belehrte sie ihn. „Mit einem Drachen kann man durch die Luft gleiten, während ein Kite einen über das Wasser zieht", klärte sie ihn auf. „Außerdem brauchst du für einen Drachen eine Erlaubnis vom Luftfahrtbundesamt, während es für den Kite keine Bestimmungen gibt."

„Das wusste ich nicht."

„Wie solltest du auch. Viele verwechseln es ja." Er stimmte ihr zu. In den nächsten Minuten genossen sie die Stärkung durch den Kaffee und tauschten sich unverbindlich aus. So erfuhr er

viel über sie und umgekehrt. Rasch verging die Zeit und erst als sie ihn daran erinnerte, bemerkte er, wie schnell sie verging.
„Na, dann lass uns losfahren“, stimmte er zu. „Wir könnten zwar die Fähre nehmen, denn das wäre kürzer, doch wozu. So haben wir noch etwas mehr Zeit für uns.“
„Machst du das öfter Helmut und nimmst Frauen mit? Ist das etwa deine Art, neue Bekannte und Freunde zu finden?“
„Nein, ist es nicht, oder soll ich dich daran erinnern, wie wir uns kennengelernt haben?“
„Da ist was dran.“ Sie packten den Kite ein und er bot ihr an, sich neben ihn nach vorn zu setzen. „Es sei denn, du möchtest es nicht“, gab er zu verstehen. Dann ging es auf die mehr als zweistündige Fahrt nach Preow. Kaum dass sie über die Rügenbrücke gefahren waren, spürten sie, dass etwas sich verändert hatte, denn sie bat ihn, den nächsten Parkplatz anzufahren, was ihn doch sehr verwunderte: Wollte sie etwa aussteigen und damit ihre Begegnung beenden? Schon spürte er die Trauer in sich aufsteigen. Auch wenn er nicht wollte, so kam er ihrem Wunsch nach. Kaum kam das Fahrzeug zu stehen, drehte sie sich ihm zu und sah ihm tief in die Augen.
„Erkläre mich bitte nicht für verrückt und lass mich erst aussprechen, bevor du etwas sagst“, bat sie ihn, während sie ihm noch tiefer in die Augen sah. Er sah sie verwundert an. Was würde nun kommen?
„Ich …“, begann sie zögerlich und leise zu sprechen. „Ich muss gestehen, dass ich anfangs nur erleichtert war, dass du mich nach Preow fahren würdest. Inzwischen aber spüre ich etwas am Herzen, was ich lange nicht mehr gefühlt habe. Ich hoffe, ich bin nicht zu direkt.“ Er sah sie nur stumm an. Was wollte sie ihm damit sagen? Sie schien seinen Zweifel zu erraten. Statt weiterer Worte beugte sie sich zu ihm und hauchte ihm einen ersten sanften Kuss auf die Wange. Nun verstand er. Als sie ihn fragend ansah, reagierte er. Was folgte war ein inniger Kuss,

der in ihnen eine Barriere durchbrach, die unsichtbar lange Zeit vorhanden war. Dieser Kuss war weit mehr als nur eine Geste. Vielmehr war es jene kleine Flamme in ihren Herzen, die einen Feuersturm ungeahnten Ausmaßes entfachen sollte. Minuten wurden zu Stunden, und am liebsten hätten die beiden bereits jetzt den Moment verlängert. Aber da waren ja noch ihre Sachen in Preow. So machten sie sich spät in der Nacht daran, weiterzufahren. Als sie letztendlich ankamen, stellte er fest, dass der Platz total ausgebucht war und er keinen Stellplatz mehr fand. So blieb ihm nichts anderes übrig, als vor dem Platz zu warten, da er am anderen Morgen zurück nach Rügen fahren wollte.

Kaum dass sie ausgestiegen war, spürte er die Leere in sich, auch wenn Christa ihm versprochen hatte, dass sie schnellstmöglich zurückkehren würde. Diese wenigen Minuten sollten ihm zeigen, wie lang eine Ewigkeit dauern konnte, denn sie wurden lang und länger. Daher schaute er verblüfft auf die Uhr und bemerkte, wie schnell sich Relationen verschieben konnten, da es nur zehn Minuten gedauert hatte, bis sie mit ihrem Zelt und anderen Sachen zum Wohnmobil zurückkehrte.

„Ich hoffe, du hast noch Platz für meine Sachen", fragte sie ihn, wobei er erneut eine gewisse Trauer in ihrem Blick bemerkte. Was war vorgefallen?

„Mein Bekannter hatte mich doch mit an die Küste genommen. So brauchte ich kein eigenes Fahrzeug", begann sie zu erklären. „Als ich eben in mein Zelt ging, verstand ich, warum er nicht nach Dranske kam."

„Du brauchst dich nicht zu rechtfertigen, denn ich ahne den Grund."

„Du liegst völlig richtig mit deiner Annahme. Ich dachte, ich könnte mich auf sein Wort verlassen. Dabei war eine andere Frau der Grund, warum er sein Versprechen brach und mich schlichtweg vergessen hat", äußerte sie sich enttäuscht.

„Ich würde dich nie vergessen, Christa. Wenn ich mein Wort gebe, halte ich es“.
„So schätze ich dich auch ein. Es wäre mir lieb, wenn du mich mit nach Rügen nimmst.“
„Na, dann steig ein. Wir werden schon ein gemütliches Plätzchen für uns finden. Lass uns die Tage unseres Urlaubs genießen und dann sehen, was noch passiert. Lassen wir dem Schicksal seinen Lauf.“ Sie stimmte zu.

All das geschah vor vielen Jahren und noch heute sind die beiden ein festes Paar, dem man die Liebe ansieht. Nie ist jenes Feuer erloschen, das einst am Strand in Dranske begann. Nach ihrem Urlaub blieb man in Verbindung und wann immer es möglich war, sah man sich. Zwei Jahre nach diesem denkwürdigen Augenblick bat er sie, seine Frau zu werden. Nur zu gerne willigte sie ein. Wie man sich vorstellen kann, verbrachten sie ihre Flitterwochen auf Rügen, wo man sie bis heute immer wieder antreffen kann. Wenn sie nun auf den Wellen ihrem Hobby nachging, sah er ihr entweder bewundernd zu, oder bereitete das Wohnmobil für die schönsten Stunden der Nacht vor. Wer das Paar sieht und seine Geschichte kennt, wird kaum glauben, wie alles begann. Helmut und Christa machen kein Geheimnis daraus, wie sie sich kennengelernt haben. Längst hat auch sie die Freude des Campens kennengelernt und viele neue Freunde auf den Plätzen gefunden. So verschieden sie äußerlich auch wirken, tief in ihrem Innern sind sie längst eine Einheit geworden, die unzertrennbar ist. Auch besuchen sie bis heute zunächst den Strand in Dranske, um sich daran zu erinnern, wie alles begann. So wird es bleiben zwischen dem Camper und der Kiterin.

Rügenblick

Johannes und Gabi freuten sich bereits auf ihren lange geplanten Urlaub. Aufgrund der Besonderheiten des Jahres und den damit eingeschränkten Reisemöglichkeiten, hatten sie ihren Karibikurlaub kurzerhand storniert und sich stattdessen nach Quartieren in Deutschland umgesehen. Schnell stand fest, dass es irgendwo an die Küste gehen sollte, denn die beiden liebten das Wasser. In ihrer Planung sahen sie sich auch die für sie bisher unbekannte Insel Rügen an. Zwar hatte sie von der Insel schon oft gehört und von Freunden erfahren, dass dieses Eiland im Osten unbeschreiblich schön sei, doch zwischen Hören und Sehen besteht immer noch ein großer Unterschied. Zudem war

ihnen ein gewisser Luxus wichtig, da sie ihn von ihren Urlaubsreisen in ferne Länder gewohnt waren. Somit reduzierte sich die Auswahl an Orten. Am Schluss ihrer Überlegungen blieben nur noch Sellin und Binz übrig. Hier, so stellten sie fest, schien das Leben auf der Insel zu pulsieren und die Unterkünfte ihren Anforderungen zu entsprechen. So begannen sie, über das Internet zu recherchieren, in der Hoffnung problemlos ein Quartier zu finden. Rasch mussten sie feststellen, wie sehr sie sich irrten. In diesem Jahr schien ganz Deutschland in Richtung der Sonneninsel zu streben. Egal, wo sie auch anriefen, überall hieß es „Es tut uns leid, aber wir sind ausgebucht." Dass es ihnen letztendlich dennoch gelang, eine passende Ferienwohnung zu finden, glich einem Lottogewinn. In Sellin fanden sie einen Anbieter für historische Bädervillen. Leider waren auch deren Wohnungen in Binz ausgebucht. Schon wollte Johannes enttäuscht das Telefonat beenden, als die freundliche, weibliche Stimme bat, noch einen Moment zu warten.
„Wir haben in Sellin in der Villa Claire noch ein größeres Appartement", bot sie ihm an.
„Was verstehen Sie unter größer?", fragte er nach. „Es hat fast zweihundert Quadratmeter und liegt in einer Villa mit Blick auf die Seebrücke. Schauen Sie doch einfach auf unserer Webseite nach dem Appartement Sunside. Sie sollten sich aber nicht lange Zeit lassen, denn sobald eine Buchung erfolgt, können wir Sie nicht länger berücksichtigen." Johannes bedankte sich für die Auskunft und folgte dem Ruf der Anbieterin. Was er fand, erstaunte und begeisterte ihn total. Nie hätte er auch nur im Traum daran gedacht, dass es solch einen Luxus gab. Vor allem der völlig verglaste Wintergarten mit Blick auf die Seebrücke hatte es ihm angetan. Er bat Gabi zu sich und so wie er verfiel sie dem Charme der Unterkunft.

Dann sah er die Preise und ahnte, warum es noch frei war. Das Appartement schien zum Besten zu gehören, was die Insel zu bieten hatte. Zwar würde der Urlaub sie an die Grenzen ihres Budgets bringen, aber dafür wurde ihnen auch etwas geboten. So rief Johannes erneut in Sellin an und buchte die Ferienwohnung. Nachdem die finanziellen Modalitäten geklärt waren, ging es letztendlich darum, wo sie den Schlüssel für sie bekamen.

„Rufen Sie mich doch bitte an, wenn sie am Parkplatz Rügenblick sind", gab man ihnen zu verstehen. „Dann leiten wir Sie zu ihrer Unterkunft und treffen uns dort." Mit diesem Satz verabschiedete sich die unbekannte Frau am anderen Ende der Leitung, während sich das Paar daran machte, sich mit weiteren Informationen über die Insel zu versorgen. Zu ihrer Freude stellten sie rasch fest, dass Rügen wohl nicht nur über wunderbare Strände, sondern über ein sehr abwechslungsreiches Hinterland und zahlreiche andere touristische Ziele verfügte, so, als ob dort ein farbenfroher Anziehungspunkt sei, der die Menschen immer wieder hierher zog. Besonders ein Satz, den wohl ein echter Rügenfan geprägt hatte, beeindruckte die beiden. „Wer einmal auf Rügen war, kommt wieder oder bleibt für immer." Wie recht der Unbekannte mit diesem Satz haben sollte, ahnte das Paar damals noch nicht.

Die nächsten Wochen vergingen wie im Flug. Dann war es so weit: Man brach auf in Richtung Nordosten. Schon glaubte Johannes, dass er locker auf die Insel kommen konnte, doch wurde er, kaum dass man an Rostock vorbeigefahren war, eines Besseren belehrt. Der Verkehr auf der Autobahn wurde zunächst dichter, um sich letztendlich zu einem totalen Stau zu entwickeln. Wie konnte das sein, fragte er sich und suchte sich den nächsten Verkehrsfunk im Radio.

Dreißig Kilometer Stau in Richtung Rügen", vernahm er die

Stimme aus dem Radio. Das wunderte ihn doch sehr, denn damit hatte er wirklich nicht gerechnet. Wie konnte das sein? Da der Verkehr völlig zum Erliegen gekommen war, beschloss er, sich gegen Gabis Willen die Füße zu vertreten und stieg aus dem Auto. Vor ihm sah er ein großes Wohnmobil stehen, dessen Fahrer sah, wie er ausgestiegen war. Dieser kam auf ihn zu.
„Ich grüße Sie. Darf ich fragen, ob Sie auch auf die Insel Rügen wollen?", fragte der Unbekannte mit einem Lächeln im Gesicht.
„Ja" bestätigte Johannes, „Wir wollen nach Sellin."
„Oh schön. Sellin und Binz sind wundervolle Orte. Ich war schon öfters da. Dieses Jahr aber haben wir beschlossen, in Drewolke zu campen", erklärte der Unbekannte.
„Dann waren Sie wohl schon öfters auf Rügen?", fragte Johannes nach.
„Ja, wir fahren seit mehr als zwanzig Jahren regelmäßig auf die Insel, aber solch einen Stau haben wir schon lange nicht mehr erlebt."
„Dann kennen Sie also die Insel?"
„Aber sicher. Es ist so, als würde man heimkommen und willkommen geheißen. Wissen Sie, Rügen hat etwas, was es nur hier gibt. Es ist eine Insel, wo man sich sofort heimisch fühlt und erholt."
„Das kann ich nicht beurteilen, denn wir machen hier das erste Mal Urlaub."
„Na dann willkommen. Sie werden rasch merken, wie wunderschön es dort ist, wenn man es geschafft hat über die Rügenbrücke."
„Wie meinen Sie das?" Der Unbekannte lachte ihn erneut an.
„Auch wenn ich schon so oft auf der Insel war, so ist es für mich, sobald ich die beiden Pfeiler der Rügenbrücke sehe, so als ob dort unsichtbar ein großes Schild mit der Aufschrift ‚Willkommen auf Rügen' hinge. Von dort aus geht es ja erst

richtig auf die Insel. Wie Sie aber sehen, wollen gerade heute sehr viele dort hin."
"Ja, und wir sind zwei davon."
"Sie werden es schon schaffen und sobald Sie dort sind, werden Sie mich verstehen, warum ich die Insel so liebe."
„Erst einmal muss ich es bis zum Parkplatz Rügenblick schaffen, denn dort bekomme ich eine genaue Wegbeschreibung zu unserer Ferienwohnung."
„Ja, das ist so Brauch von den Anbietern. Auch wir haben dort oft Rast gemacht und den ersten Blick auf die Insel genossen."
Ihr Gespräch wurde abrupt unterbrochen, denn die Blechlawine setzte sich wieder in Bewegung.
„Wir sehen uns auf der Insel", sprach der Unbekannte noch, als er sich verabschiedete. Nach gut einer weiteren Stunde erreichte das Paar den genannten Parkplatz. Wieder stellte Johannes fest, wie belebt es hier war. Auch sah er zahlreiche Personen, die mit dem Handy wohl ihre Vermieter anriefen. Also hatte der Unbekannte von der Autobahn recht behalten. Nun rief Johannes die Nummer an und bekam seine Wegbeschreibung.
„Wir sehen uns in einer Stunde in Sellin", verabschiedete sich die Vermieterin. Kaum dass Johannes aufgelegt hatte, hörte er jene Stimme hinter sich, die er kannte.
„Nun, Sie haben es bis hierher geschafft."
„Ja das haben wir, doch nun heißt es, sich wieder auf den Weg zu machen, denn wir sollen in einer Stunde in Sellin sein."
„Das schaffen Sie bei diesem Verkehr niemals. Schauen Sie doch, was los ist auf der Straße. Dieser dichte Verkehr wird sich die ganze B 96 langziehen und Sie begleiten, egal ob Sie nun in Richtung Mönchsgut, oder wie wir in Richtung Windland fahren. Rufen Sie lieber noch mal an und teilen Ihrer Vermieterin mit, dass es wohl eher zwei Stunden werden wird, bevor Sie am Ziel sind. Ich heiße im übrigens Hubert." Johannes bemerkte die ausgestreckte Hand.

„Ich bin Johannes“, entgegnete er und schlug ein. Er deutete auf seinen Wagen. „Das ist meine Frau Gabi.“
„Es freut mich, euch kennenzulernen. Wie wäre es, hättet ihr beiden Lust auf einen Kaffee in unserem Wohnmobil?“
„Da muss ich erst Gabi fragen.“ Johannes begab sich zu ihr und zu seinem Erstaunen willigte seine Frau nur zu gerne ein. Sie ging Hubert entgegen und nahm spontan seine Hand. „Danke, dass du uns einlädst, denn einen Kaffee kann ich jetzt wirklich gut gebrauchen“, gestand sie.
„Na dann mal rein in die gute Stube.“ Sie betraten zu dritt das Wohnmobil, wo eine Frau mittleren Alters sich erhob.

„Na Hubert, hast du mal wieder den Fremdenführer gespielt und Gäste eingeladen?“, sprach die Frau freundlich und fügte hinzu. „Ich bin übrigens Petra.“
„Hallo, schön, dich kennenzulernen. Sag mal, macht dein Mann das öfter?“
„Ja, das ist so seine Art. Ich kenne es nicht anders von ihm. Er ist eben sehr kontaktfreudig und dafür liebe ich ihn. So haben wir schon viele interessante Menschen kennengelernt.“
„Bevor wir weiterreden, ruf noch mal deine Vermieterin an und teile ihr mit, dass es später wird“, warf Hubert ein. Johannes folgte seinem Rat. Wie sich herausstellen sollte, hatte man damit schon gerechnet. Inzwischen machte sich der würzige Duft des Kaffees im Raum breit. Eine besondere Stimmung von Gemütlichkeit, so als ob man bereits am Ziel angekommen war, sorgte dafür, dass sich Gabi und Johannes schnell wohlfühlten. Die beiden Paare fanden rasch ins Gespräch und stellten fest, dass man doch viele Gemeinsamkeiten hatte. Die Zeit verflog schnell und als Johannes auf die Uhr sah, wurde er nervös.
„Leider muss ich unser wunderschönes Gespräch unterbrechen, denn es wird Zeit, dass wir nun aufbrechen“, erklärte er. Die

anderen verstanden. „Vielleicht kommt ihr ja mal nach Drewolke. Dort können wir unser Gespräch fortsetzen“, bot Petra den beiden an. „Dann seht ihr auch ein wenig mehr von der Insel“, fügte sie noch hinzu. „Das werden wir gerne tun, aber erst einmal sind wir froh, wenn wir in Sellin in unserer Wohnung angekommen sind, denn die Fahrt war doch anstrengender, als wir gedacht haben.“

„Das verstehen wir nur zu gut. Ihr könnt uns ja anrufen.“ Damit war Johannes einverstanden. So tauschten sie rasch ihre Telefonnummern aus, bevor es auf die letzte Etappe ging. So wie Hubert es vorhergesagt hatte, erlebte das Paar nun jene wunderbare Wandlung, als sie zwischen den Pylonen der Rügenbrücke durchfuhren. Wie ein stiller Willkommensgruß sahen sie das Ziel ihrer Träume, Rügen! Nach gut einer weiteren Stunde gelangten sie über Bergen und Lanken-Granitz in das Seebad Sellin. Nun ging es die Wilhelmstraße fast bis zum Ende hinauf. Schon sahen sie eine winkende Person, die ihnen den Weg in die Tiefgarage der Villa zeigte. Hier hielten sie an und stellten den Motor ab.

„Willkommen bei uns auf Rügen. Es tut mir leid, dass so viel Verkehr war, aber nun haben Sie es ja geschafft.“

„Danke für die liebe Begrüßung. Ja, ich gebe zu, ich war doch sehr verblüfft, dass so viele auf die Insel wollen“, gab Johannes zu verstehen.

„Das ist normal zu dieser Jahreszeit. Schließlich haben wir Hochsaison.“

„Das habe ich auch schon bemerkt. Daher sind wir froh, endlich angekommen zu sein.“

„Nun, dann wird es Zeit, dass ich Ihnen Ihr Appartement zeige“, sprach die Frau und zeigte ihnen den Weg zum Fahrstuhl, der sie in die richtige Etage führte. Sie schloss das Appartement auf. Schon auf den ersten Blick war Gabi total überrascht, denn damit hatte sie wirklich nicht gerechnet. So viel Luxus und Eleganz, aber auch die sehr geschmackvolle Einrichtung gaben Zeugnis darüber, dass der Eigentümer nicht gespart hatte. Nun wunderte sie sich nicht mehr, warum es seinen Preis hatte. Ihre Vermieterin erklärte ihnen noch alle wichtigen Funktionen und zeigte ihnen auch den Weg zum Außenpool. Danach verabschiedete sie sich formvollendet. Endlich war das Paar allein und konnte sich ungezwungen umsehen. Als sie vom fast vollständig verglasten Wohnzimmer auf die Seebrücke und die Ostsee blickten. erkannten sie, warum so viele von der Insel schwärmten. Sicher, die Inseln der Karibik waren völlig anders, aber hier kam sofort das Gefühl der Entspannung auf. Dabei waren die beiden doch gerade erst angekommen. Sie spürten, wie der Zauber der Insel sie einfing.

In den nächsten Tagen verbrachten sie, dank des guten Wetters, die meiste Zeit an den Stränden der Insel. Zwar hatte Sellin einen sehr schönen Sandstrand, doch bot er ihnen nicht jene Ruhe, die sie eigentlich suchten. Ebenso verhielt es sich in Binz. Jetzt im Sommer war es ihnen einfach hier zu voll, auch wenn es reizvoll war, über die bekannte Promenade des bekanntesten Seebades der Insel zu flanieren, oder in den zahlreichen Cafés und Restaurants zu speisen. Hier erinnerte sich Johannes an das Angebot ihrer neuen Freunde und rief dort an.

„Natürlich seid ihr bei uns hier willkommen. Auch Petra freut sich schon auf euren Besuch“, gab Hubert zu verstehen.

„Wann passt es euch denn?“, fragte Johannes nach.

„Eigentlich immer, es sei denn ihr kommt mitten in der Nacht“, hörte er Hubert schallend lachen. „Ruf mich am besten an, wenn ihr durch Juliusruh gefahren seid. Dann kommen wir zum Wohnmobil, falls wir am Strand sind“, gab er noch zu verstehen. Bereits am Tag darauf machten sich Gabi und Johannes auf den Weg. Kaum dass sie in Sagard über die Kopfsteinpflasterstraße in Richtung Glowe gefahren waren, bemerkte sie das andere Gesicht der Insel. Riesige Felder machten sich direkt

hinter dem Ort breit. Kurz vor Bobbin sah Johannes einen Parkplatz, den er spontan anfuhr. Kaum dass er ausgestiegen war und den Blick auf den Bodden richtete, bemerkte er, wie wunderschön es hier war. Er bat Gabi zu sich.
„Das musst du einfach sehen“, sprach er schwärmend. Als sie sich neben ihn stellte, verstand sie seine Bewunderung, denn so schön konnte es doch im Grunde nur im Paradies sein. Sie sah ihn an und verliebte sich in diesem Moment neu in ihren Mann, auch wenn sie ihn schon so lange kannte und sich im Alltag viele Routinen eingeschlichen hatten. Als ob eine unsichtbare Kraft hier ihr Werk tat, verschwand all das und machte Platz für ganz andere Gefühle. Sie lehnte sich an seine Schulter und sah ihn verliebt an.
„Ich liebe dich, Johannes“, sprach sie leise und zärtlich. Er sah sie an und bestätigte ihr Gefühl mit einem innigen Kuss. So verblieben sie einige Momente, die zur Ewigkeit wurden. Erst danach ging es weiter nach Juliusruh. Johannes rief Hubert an, der ihm den Weg zum Campingplatz beschrieb. Kaum zehn Minuten später erreichten sie ihn. Hubert kam dem Paar freundlich entgegen.
„Schön, euch wiederzusehen“, begrüßte er sie. Nun bemerkte er diesen seltsamen Glanz des vollkommenen Glücks in ihren Augen.
„Siehst du, meine Liebste, nun hat es die beiden auch erwischt“, sprach er zu seiner Frau, die ebenfalls herbeigekommen war, um das Paar zu begrüßen. Statt einer Antwort küsste Petra ihn, während Gabi und Johannes das Paar verwundert ansah.
„Wie meinst du das mit dem erwischt?“, fragte sie überrascht nach.
„Nun, liebe Freundin“, begann Petra ihr zu erklären. „Es gibt zwei Merksätze zur Insel Rügen. Den einen hat euch ja mein Mann bereits gegeben. Den zweiten tue nun ich. Er lautet: Ver-

liebt auf Rügen? Ganz sicher." Genau darum sind wir so viele Jahre hier und verlieben uns jedes Mal aufs Neue ineinander. Das ist der wahre Zauber und die Magie der Insel!" Gabi sah sie verwundert an. „Ist das wirklich so?", fragte sie nach. „Ja. Du kannst all jene fragen, die jedes Jahr hierherkommen. Sie alle würden es dir bestätigen. Woran es liegt, kann ich dir jedoch nicht erklären, denn auch das gehört zu den vielen Mythen über die Insel." Gabi verstand und küsste ihren Mann erneut.

Seit jenen Tagen ist viel Zeit ins Land gezogen und vieles mag sich verändert haben. Eines aber ist geblieben. Die Liebe zwischen Johannes und Gabi. Wann immer sie fortan spürten, dass der Stress des Alltags zu viel wurde, packten sie ihre Sachen und fuhren auf die Insel. Sobald sie den Parkplatz Rügenblick erreichten, hielten sie dort an, um mit Vorfreude auf die Insel zu blicken. Mit Petra und Gabi verbindet sie bis heute eine innige Freundschaft und bevorzugten sie anfangs eine Ferienwohnung, so sind sie nun oft auf den Campingplätzen im Norden der Insel zu finden. Ja, auch die sind wie so viele dem Bann der Insel erlegen und freuen sich bereits nach der Abreise auf ein Wiedersehen.

Das alte Haus in Wiek

Es liegt verlassen und verträumt im Wald zwischen Wiek und Zürkwitz. Einst pulsierte hier im Nordwesten der Insel, am Bodden zwischen Hiddensee und dem Festland, das Leben. Es war die goldene Zeit, doch scheint sie längst Vergangenheit zu sein. Was blieb, ist nur noch eine Erinnerung.

Zumindest machte es diesen Eindruck, als Bernd und Eva dieses alte Gutshaus bei einer ihrer Radtouren zwischen Wiek und der Wittower Fähre erstmals sahen. Schon öfters hatte das Paar Urlaub auf Rügen gemacht und wie so viele zog es sie immer wieder hierher. Sicher, sie liebten die Ostseebäder mit ihren Sandstränden, doch rasch wurde ihnen klar, dass es noch mehr als nur diese Bäder mit ihren Promenaden und Stränden gab.

Da beide gerne mit dem Rad unterwegs waren, begannen sie mit ihren Erkundungen auf dem Drahtesel. Dank der sehr guten Ausschilderung des Radwegenetzes fanden sie immer neue Ziele. Sie besuchten das historische Fischerdorf Vitt und das Kap Arkona. Sie fuhren durch die Stubbenkammer zum Königsstuhl im Nationalpark Jasmund mit seinen berühmten Kreidefelsen. All diese touristischen Ziele waren recht bekannt, doch das war es nicht, was sie im Grunde wirklich suchten. Ihre Suche galt jenen Orten, die abseits dieser Attraktionen lagen, Orten und Plätzen, die verschlafen weit abseits lagen. So gelangten sie auch nach Wiek. Zwar pulsierte auch hier das Leben, denn gerade der Bodden gilt unter Kitesurfern als eines der besten Gebiete für diesen Wassersport. Bewundernd sahen sie jenen zu, die sich von ihren Drachen über das Wasser ziehen ließen. Auch wussten sie die Annehmlichkeiten am Hafen zu schätzen und kehrten gerne in die eine oder andere Lokalität ein. Immer wieder folgten sie nun den Hinweisschildern der Radwege, so auch jenem, der sie bis zur Anlegestelle der Wittower Fähre führte. War der Radweg anfangs recht unspektakulär, so änderte sich dies, als sie hinter Wiek in ein Waldstück gelangten. Hier, völlig verborgen und versteckt, entdeckten sie das alte Gutshaus. Als ob es sie mit seiner unsichtbaren Kraft anziehen wollte, stiegen die beiden vom Rad ab und nahmen sich einen Augenblick der Ruhe. Hier, in der Stille des Waldes, spürten sie den Hauch von Zufriedenheit. Da es an diesem Tage recht warm war, setzten sie sich auf eine kleine, aus Findlingen errichtete Mauer. Ihr Blick fiel zu dem verlassenen Haus, an dessen Eingang ein heruntergekommenes Schild mit der Aufschrift „Gut Zürkwitz“ hing. Hatte sich hier einst eines jener kleinen Gasthäuser befunden, die man im Laufe der Zeit aufgegeben und dem Verfall preisgegeben hatte? Das einst schicke, weiße, vom Zahn der Zeit gezeichnete Gebäude, ließ diese Annahme zumindest aufkommen.

Was hatte dieses nun so heruntergekommene Gut wohl in der Vergangenheit alles erlebt, fragte sich Bernd. Hatten sich hier Dramen und freudige Ereignisse abgespielt? Hatten Kinder unbekümmert auf dem weitläufigen Gelände gespielt und Familien die lauen Sommerabende verbracht? Vor seinem geistigen Auge erwachte das Gut zum Leben. Er hörte die Geräusche der Menschen, vernahm den Duft der Speisen und sah in zufriedene Gesichter.

„Komm, lass uns weiterfahren", unterbrach ihn Eva in seinen Überlegungen. Er nickte zustimmend, auch wenn er gerne noch etwas geblieben wäre. So aber verschwand die Illusion genau so schnell, wie sie gekommen war. Nur diese besondere Atmosphäre blieb tief in ihm erhalten. Auf der weiteren Fahrt, hin zur Anlegestelle der Fähre, weilte er still in seinen Gedanken, was auch seiner Frau auffiel. Oh ja. sie kannte ihren Mann und auch seinen Traum von einem Haus hier auf der Insel. Schließlich hatte er immer wieder diesen Wunsch geäußert und auch sie konnte sich vorstellen, hier zu leben. Doch unterschieden sich ihre Vorstellungen insoweit, als sie lieber an einem etwas belebteren Ort leben wollte, während er sich nach einem Ort der Ruhe und Stille sehnte. Hatte er etwa gerade diesen Ort gefunden und wäre sie bereit, diesen Traum mitzutragen? Warum groß nachdenken, denn sicher wäre es kaum möglich, das alte Haus mitsamt der Grundstücke zu erwerben, so dachte er zumindest an diesem denkwürdigen Tag. So blieb es eben nur ein Traum oder ein Wunsch, der sich nie erfüllen würde. Daher genoss sie die Fahrt entlang des Boddens bis zur Anlegestelle. Dort angekommen machten sie eine kurze Rast, bevor sie sich auf den Rückweg machten. Ursprünglich hatten sie vorgehabt, über Bischofsdorf in Richtung Breege zu fahren, um so einen Rundkurs einzuschlagen, doch änderte sich ihr Vorhaben spontan, als sie an die Weggabelung gelangten.

„Lass uns doch noch mal zum Gut fahren“, bat er mit fast sehnsüchtigem Blick. Diesem Blick hatte sie noch nie widerstehen können und so willigte sie ein. Er sah sie dankbar an. Wieder stiegen sie vor dem alten Haus ab. Sie hoffte, dass er es sich nur kurz noch einmal ansehen wollte. Zu ihrer Verwunderung trat er nun näher an das Gemäuer heran und besah es sich genauer. Wieder tauchten die Bilder der Vergangenheit vor seinem geistigen Auge auf und verwischten die Realität. War es wirklich nur ein Traum, den er da gerade erlebte, oder doch eine Vision aus der Zukunft? Weder er noch sie hatten eine Erklärung dafür. Plötzlich und völlig unerwartet schien auch sie den Traum zu erleben, den er schon träumte. Welch unerklärliche Magie ging von diesem Haus aus? Dabei war es doch nur ein Haus, oder doch nicht? Rief es etwa stumm um Hilfe, auf dass sie ihm vielleicht neues Leben einhauchten? Sie trat an ihren Mann heran, der soeben seine Hand auf die Eingangstüre gelegt hatte. Sie tat es ihm nach und spürte dieses Kribbeln. Verwundert sah sich das Paar an und lachte laut auf. Ja, hier war es also, ihr Traumhaus! Fragte sich nur, ob es ein Traum bleiben würde, oder doch mehr daraus würde.

In den folgenden Wochen und Monaten recherchierte sie gemeinsam über die Vergangenheit von Gut Zürkwitz. Auch wenn es nur wenige Unterlagen aus der Vergangenheit gab, so fanden sie dennoch heraus, dass die Ursprünge dieses Gutes im 17. Jahrhundert lagen und das jetzige Gebäude, auf dessen Grundlage Mitte des 19. Jahrhundert erbaut wurde. Alte Postkarten und Fotos, die sie dank des Internets fanden, gaben Zeugnis über die wechselvolle Geschichte der Gutsanlage. Je mehr Bernd und Eva erfuhren, umso stärker wurde ihr gemeinsamer Wunsch, das Gut aus seinem Dornröschenschlaf zu wecken. Ja, sie wurden regelrecht besessen von dem Gedanken, sich dort niederzulassen. Wann immer es ging, recherchierten sie vor Ort und mochte man ihnen auch viele Hindernisse in den Weg legen, so gaben sie nicht auf. Ihr Traum sollte wahr werden, egal wie viel Kraft und Energie es auch kostete. In den folgenden Jahren nahmen sie sich stets eine kleine Ferienwohnung in Wiek, nur um dem Gut näher zu sein. Irgendwann sollte sich zeigen, dass ihr Ehrgeiz nicht vergeblich war, denn es gelang ihnen, nicht nur den Besitzer des Gutes ausfindig zu machen, sondern auch eine Einigung mit ihm zu erzielen. Als sie die notarielle Urkunde in den Händen hielten, der sie als zukünftiger Eigentümer des Guts bestätigte, schien ihr Traum wahr zu werden. Erst jetzt konnten sie sich mit der Sanierung und dem Wiederaufbau des Hauses beschäftigen. Zu ihrer Enttäuschung musste das Paar jedoch feststellen, dass es Unsummen kosten würde, das Haus und die zugehörigen Ländereien wieder so herzustellen wie zu seinen Glanzzeiten. War also ihr Traum zu Ende und all die Erfolge aber auch Niederlagen vergebens? Nein, denn anstatt sich auf ihr Hauptanliegen zu konzentrieren, errichteten sie einen kompletten Neubau auf dem Gutsgelände, in dem sich auch einige Ferienwohnungen befanden, um so die finanziellen Belastungen zumindest zu senken. Wer heute das Gut Zirkwitz besucht, findet hier eine Unterkunft, die nicht nur zeitgemäß ist, sondern gerade für Familien einen entspannten Urlaub, abseits des Trubels, ermöglicht.

So steht jenes alte Gutshaus bis heute noch immer so da, wie Bernd und Eva es einst vorfanden. Längst hat sich das Paar als sehr freundliche Gastgeber, bei denen man sich vom ersten Tag an wohlfühlt, einen Namen gemacht. Wann immer es möglich ist, findet man Bernd in dem alten Gebäude, wo er weiterhin den Traum von der Neuerstellung des Gutes träumt. Ob es ein Traum bleibt, wird sich zeigen, denn wer weiß, was die Zeit noch so bringt. Vielleicht wird er ja wahr, der Traum vom alten Haus in Wiek.

Kinderlachen

Werner war ein echter Miesepeter. Wenn ihm etwas missfiel, dann sagte er es auch. Dabei war er mal ganz anders gewesen. Einst lachte und scherzte er gerne, doch das lag Jahre zurück. Damals, als er auf dem Höhepunkt seiner beruflichen Karriere stand, bewunderte man ihn für seinen Erfolg. Er genoss es, im Mittelpunkt zu stehen und sah zugleich auf jene herab, die im Leben gescheitert waren. Seine Einstellung war, wer etwas will, kann es auch erreichen. Schließlich war er das beste Beispiel dafür. „Erfolg macht schön", nach diesem Motto handelte er. Wenn er bemerkte, dass es jemanden gab, der ihn bei seinem beruflichen Aufstieg im Wege stand, griff er zu allen Mitteln, um seine Konkurrenz zu beseitigen. Dabei störte es ihn nicht, wenn er zu unfairen Mitteln griff, solange sie den erwünschten Erfolg garantierten. Dabei sah er bewusst weg, wenn er andere ins Unglück stürzte. Seiner Ansicht nach waren sie doch selber schuld, wenn sie ihm in die Quere kamen. So baute er sein Leben auf dem Fundament jener auf, die auf der Schattenseite des Lebens standen. Über viele Jahre schien seine Art der Ellenbogenmentalität zu funktionieren und nichts schien ihn aufhalten zu können. Sein Scheuklappenblick verwehrte ihm, nach rechts oder links zu sehen. So übersah er jene dunklen Wolken, die seinen hellen Horizont von beiden Seiten umzingelten. Erst als es zu spät war, bemerkte er sie. Nun sollte sich zeigen, auf welch brüchigem Untergrund sein Leben stand.

An einem Tag im Sommer hatte ihn sein Vorgesetzter zu ihm gebeten. In der Annahme in der Hierarchie des Unternehmens wieder eine Sprosse auf der Leiter des Erfolges aufzusteigen begab er sich frohgelaunt und erwartungsvoll in das Büro seines Chefs. Kaum dass er die Türe geöffnet hatte, sah er die Männer und Frauen des Vorstandes. Es waren jene, die das Unternehmen nach außen hin repräsentierten. Er hoffte, recht bald diesem elitären Kreis anzugehören. Warum sonst hätte man ihn hierher zitiert.

„Schön, Sie zu sehen, Herr Winter. Ich hoffe nicht, dass ich Sie bei Ihrer Arbeit gestört habe“, vernahm er die regungslose Stimme seines Vorgesetzten.
„In keinster Weise haben Sie mich unterbrochen, auch wenn ich dabei war, einen weiteren großen Geschäftsabschluss vorzubereiten. Sie wissen ja um meine Qualitäten.“ Gerade den letzten Satz hob er hervor, denn sie sollten seiner Ansicht nach das Vertrauen in seine erbrachten Leistungen unterstreichen und so seinen Aufstieg rechtfertigen. Sein Chef nickte ihm wohlwollend zu.
„Ja, wir haben davon gehört“, erwiderte er mit farbloser Stimme. „Das ist aber nicht der Grund, warum wir Sie heute hierher bestellt haben. Vielmehr geht es um ihr Verhalten in unserem Unternehmen …“
„Das habe ich mir schon gedacht“, fiel Werner ihm ins Wort, wobei er sich noch mehr reckte, um so auch körperlich seine Statur zu betonen.
„Ich glaube, sie verstehen da etwas falsch.“ Werner sah sein Gegenüber irritiert an.
„Wieso falsch? Ich habe mich immer für die Firma eingesetzt. Meine Verkaufserfolge zeigen doch, wozu ich in der Lage bin.“
„Erfolge, die sie auf Kosten der anderen Mitarbeiter erzielt haben.“
„Ja, wieso auch nicht. Wenn ich erkannt habe, dass sie unfähig waren, den Abschluss im Sinne der Firma zu tätigen, habe ich mir erlaubt hier einzugreifen.“
„Das mag ihre Ansicht sein, aber es tut uns leid, das widerspricht unserer Firmenstrategie. Sie haben sich aufgeführt wie ein Pirat auf Kaperfahrt. Sie sind aber weder Sir Francis Drake und wir nicht das englische Empire. So etwas dulden wir nicht in unserem Hause.“ Werner bemerkte, dass sein Traum dabei

war zu zerplatzen. Dennoch sah er sich durch sein Handeln immer noch im Recht." Erneut versuchte er, sich zu rechtfertigen, doch stießen seine Worte auf wenig Verständnis. Im Gegenteil. Vor ihm baute sich eine Mauer der Verachtung auf.
„Ihr Verhalten haben wir lange toleriert, da wir hofften, dass sie es noch ändern würden. Leider scheint dies nicht der Fall zu sein und daher sind der Vorstand und ich zu dem Schluss gekommen, dass Sie für unser Unternehmen nicht mehr tragbar sind." Sein Chef sah ihn nun schweigend an. Dieser Blick bohrte sich wie ein Dolch in Werners Selbstbewusstsein und erschütterte ihn zutiefst.
„Aber!"
„Es gibt kein Aber", fiel man ihm erneut ins Wort. „Unser Entschluss ist endgültig. Sie könnten nun arbeitsrechtliche Schritte unternehmen, um Ihren Job zu behalten, doch so wie Sie können auch wir manipulieren und Gründe finden, Ihnen das Leben hier zur Hölle zu machen. Das aber wiederum kostet Sie als auch uns nur unnötig Nerven und vor allem Zeit. Zeit, die wir besser investieren möchten. Daher sind wir an einer schnellen Lösung Ihres Ausscheidens aus unserem Unternehmen interessiert und bieten Ihnen eine großzügige Abfindung. Sollten Sie einwilligen, wäre das Problem zu beiderseitiger Zufriedenheit vom Tisch. Sollten Sie sich jedoch weigern, dann garantieren wir ihnen schon jetzt, dass Sie recht bald freiwillig Ihren Platz räumen. Also, wie entscheiden sie sich?" Werner sah den Mann vor sich an. Vor seinem geistigen Auge schien sich ein Abgrund aufzutun, in den er hinabzustürzen drohte. Erneut fragte er sich, warum man ihn unbedingt loswerden wollte, doch war er sich sicher, dass man ihm die wahren Gründe niemals nennen würde. War es unter diesen Vorzeichen ratsam, weiterhin auf seiner Position zu beharren, oder nicht besser klein beizugeben? Ja, oder nein, es gab nur diese beiden Optionen. Trotz seiner inneren Überzeugung willigte er ein, die Fir-

ma zu verlassen.
„Schön, dass Sie es einsehen. Lassen Sie es uns kurz und schmerzlos machen.“ Werner verstand nicht. Sein Chef übergab ihm ein geschlossenes weißes Briefkuvert. „Schauen Sie hinein.“ Werner tat, wie man ihm sagte und fand darin einen Scheck, auf dem eine große Summe stand. „Das dürfte Sie von unserer Absicht mehr als überzeugen. Es wäre nun ratsam, wenn Sie augenblicklich die Firma verlassen und sich nie wieder hier blicken lassen. Auf Wiedersehen, Herr Winter!“ Schon wollte Werner etwas erwidern, als er bemerkte, wie sinnlos sein Unterfangen war. Gedemütigt und getreten erhob er sich, um mit hängendem Kopf das Büro zu verlassen.

Auf seinem Weg zu seinem Arbeitsplatz sah er, wie seine Kollegen ihn schadenfroh ansahen. Mancher von ihnen konnte sich dabei eine anzügliche Bemerkung und ein freches Grinsen nicht verkneifen. So wurde sein Gang zu einem Spießrutenlauf. Wortlos packe er seine wenigen Habseligkeiten zusammen und verließ das Haus ohne ein weiteres Wort. Erst draußen vor der Türe atmete er befreit auf. Das ist es also gewesen, stellte er für sich fest. Zugleich aber regte sich Trotz in ihm. Er war sich sicher, dass die Konkurrenz ihn mit offenen Armen einstellen würde. Dann würde er es seinem ehemaligen Arbeitgeber zeigen. Wie falsch er in seiner Annahme lag, sollte sich rasch herausstellen. Niemand schien seine Fähigkeiten richtig einzuschätzen. So oft er sich bewarb, so dauerte es nicht lange, bis er eine Absage erhielt. Es schien sich in der Branche wie ein Lauffeuer herumgesprochen zu haben, dass man ihn besser mied und nicht einstellte. In dieser vergifteten Atmosphäre konnte es nicht ausbleiben, dass sich auch sein privates Umfeld veränderte. Gab es vorher viele Einladungen zu Feiern aller Art, so blieben auch diese aus. Sein Freundeskreis dezimierte sich schlagartig. Es schien ihm, als wäre er ein Aussätziger, den

man besser meiden sollte.
Weitere Monate zogen ins Land. Immer noch hoffte Werner, dass sich die Großwetterlage zu seinen Gunsten wenden würde, doch auch hier irrte er sich. Je mehr Zeit verging, umso mehr veränderte er sich nun. Langsam erkannte er, dass sein altes Leben Vergangenheit war. Um nicht unterzugehen, beschloss er, es hinter sich zu lassen und von vorn anzufangen. Dank der Abfindung konnte er sich vieles leisten.

Da ihm ein weiteres Warten auf einen Umschwung sinnlos erschien, beschloss er, auf die Insel Rügen zu fahren, wo er sich für mehrere Wochen in einem Luxushotel einmietete. Bei diesem Besuch auf der Insel bemerkte er, wie all seine Sorgen, all seine Befürchtungen und Nöte mit dem Überqueren der Rügenbrücke auf dem Festland blieben. Hier schien es nur noch Freude und gute Laune zu geben. Lag es an der Urlaubsstimmung oder an dem besonderen Flair der Insel? Er vermochte es nicht zu erkennen. Er bemerkte jedoch, dass ihm die Insel guttat. Oft war er nun an den Stränden und schaute auf den Horizont. Hier herrschte reges Leben und ein fröhliches Treiben, das auch ihn ansteckte. Der Mann, der sich einst als Mittelpunkt der Welt sah, schien hier jede Existenz verloren zu haben. Aus den Resten seines Seins wurde ein neuer Mensch geboren, der nichts mehr mit jenem Mann vergangener Tage zu tun hatte. Gerade wenn er auf Familien mit ihren Kindern blickte, wenn er das Lachen und Strahlen in ihren Augen sah, spürte er, dass es da etwas anderes gab. Entgegen seinen alten Gewohnheiten suchte er nun bewusst den Kontakt. Anfangs beäugte man ihn sehr misstrauisch. Schließlich war er ein Fremder, den man nicht kannte, und wer wusste schon, welche Absichten er hatte. Um dieses Misstrauen zu zerstreuen, suchte Werner nach einer Lösung und fand sie in einem alten Fischernetz.

An einem dieser sonnigen Tage hatte er sich einen großen Eimer, zwei lange Stöcke und das besagte Netz besorgt. So ausgestattet begab er sich erneut an den Strand, Manche, die ihn dort schon gesehen hatten, schienen sich zu fragen, was er vorhatte. Wollte er etwa auf diese Weise Fische fangen, oder Bernstein suchen? Werner grinste still in sich hinein und begab sich zur Wasserlinie. Er steckte die beiden Stöcke ins Netz und tauchte es in den Eimer, den er zuvor mit Seifenlauge gefüllt hatte. Im Stillen hoffte er, das sein Vorhaben gelingen würde. Nun zog er das Netz aus dem Eimer heraus und spannte es mithilfe der beiden Stöcke über seinem Kopf. Das Ergebnis verblüffte die Strandbesucher, denn dank des Windes entstanden unzählige Seifenblasen, die nun über den Strand wehten und sowohl Kinder als auch Erwachsene verzückten. Nun kamen sie näher und den Kindern machte es eine diebische Freude, den bunten Blasen nachzujagen. Immer wieder tauchte er das Netz in den Eimer. Jedes Mal erhielt er helles Kinderlachen als Dank für sein Tun. Ja, sie schienen regelrecht verzaubert zu sein und vergaßen die Welt um sich herum. Manche von ihnen sprachen ihn nun an. Wenn er antwortete, schien es ihm, als würden jene eisernen Fesseln, die sein Herz umklammerten, gesprengt. Von nun an sah man ihn fast jeden Tag mit seinem Eimer dort. Ja, es schien so, als ob man ihn regelrecht erwartete.

„Machst du uns wieder Seifenblasen, Onkel Werner?“, hörte man fortan die fröhlichen Stimmen der Kinder. Allein ihr erwartungsvoller Blick schien bis auf den Grund seiner Seele vorzudringen. So kam er gerne ihrem Wunsch nach. Er war glücklich, eine neue Bestimmung in seinem Leben gefunden zu haben. Da es ihm zudem auf Rügen sehr gut gefiel, beschloss er letztendlich, ganz auf die Insel zu ziehen. Hier lebt er noch heute. Immer wieder sieht man ihn mit seinem Netz am Strand.

Wenn man ihn fragt, warum er das tut, bekommt man immer dieselbe Antwort: „Weil ein Kinderlachen das Schönste ist, was es gibt.“ Wer das nicht versteht, gehört zu jenen Menschen, die vielleicht ebenso wie Werner einst in ihrem Alltagstrott gefangen sind. Ihm gelang es, sich daraus zu befreien und ein neues, zufriedenes Leben zu beginnen.

Vielleicht ist diese Geschichte aber auch nur die Illusion eines Schriftstellers, der hier auf Rügen ein neues Leben fand. Die Antwort darf sich jeder selbst denken.

Leuchtfeuer im Sturm

Die Leuchttürme von Rügen gehören zur Insel wie seine Strände und Fischbrötchen. Gerade die Türme am Kap Arkona kennt fast jeder Tourist. Die folgende Begebenheit hat sich am Leuchtturm in Saßnitz an einem kalten, stürmischen Wintertag abgespielt:

Anja erklärte sich selbst schon für verrückt. Wie konnte sie nur auf die Idee kommen, mitten im Dezember auf der Insel Urlaub zu machen? Lange stellte sie sich diese Frage. Heute aber weiß sie, dass es wohl der Ruf ihres Schicksals war, der sie zu diesem Trip nach Rügen veranlasst hatte. Wenn sie daran denkt, wie es damals kam, dann schaut sie in die liebevollen Augen von August und ihre Erinnerung führt sie zurück zu jenem denkwürdigen Tag, da ihr gemeinsames Leben begann.

Damals hatte sie sich spontan im Hotel „Fürstenhof" ein Zimmer für zwei Wochen genommen. Der Name selbst war ihr ja aus einer bekannten Nachmittagsserie aus dem Fernsehen bekannt. Nur stand jenes Hotel nicht hier auf Rügen, sondern in Bayern, was sie sehr verwunderte. So wie viele andere Zuschauer hatte sie angenommen, dass es jenes Hotel auch in der Realität gab. Dass es nur eine rein fiktive Geschichte war, die in einem unzugänglichen Schloss spielte, wurde ihr klar, als sie mit ihrer Recherche begann. Parallel dazu suchte sie im Internet nach Hotels mit dem entsprechenden Namen und wurde in Saßnitz fündig. Sie kannte die Insel ja nur aus den Sommermonaten, wenn die Besucher an den Stränden und in den Orten das Inselleben beherrschten. Wie würde es in der kühlen Jahreszeit dort sein?

Bereits auf der Fahrt auf die Insel bemerkte sie den Unterschied zum Sommer. Es gab weder lange Staus noch lange Schlangen an den Verkaufsständen, da die meisten eh geschlossen hatten. Es schien ihr, als befinde sich die Insel bereits im Winterschlaf. Dass es zum Jahresende völlig anders aussah, hatte sie von Freunden erfahren, die versuchten, zu Silvester ein Quartier zu bekommen. In den wenigen Tagen um den Jahreswechsel schien Rügen noch einmal zu erwachen. Es schien, als wollten die Freunde der Insel den Ausklang des alten und den Beginn des neuen Jahres auf seine ganz besondere Weise feiern. Erst danach ruhte das Leben bis zum Beginn der neuen Saison.

Von außen schien der Fürstenhof wie ein Relikt aus längst vergangenen Tagen, da die Insel ihren ersten Ansturm erlebte. Wer etwas auf sich hielt, baute damals ein Haus im einzigartigen

Bädervillenstil mit seinen weißen Farben und den typischen verspielten Fassaden. Saßnitz selbst galt als weiße Stadt der Insel, einen Ruf, den der Ort bis heute innehat. Daher war sie völlig über die moderne, zeitgemäße Einrichtung ihrer Unterkunft überrascht. Es schien, als ob die Besitzer zwei Welten Altes mit Neuem verbinden wollten. Einer Art, die nicht immer gelang, aber hier im Fürstenhof harmonierte. Die helle Einrichtung begeisterte Anja bereits vom ersten Moment. Als sie auf den Balkon ihres Appartements trat, steigerte sich ihre Stimmung zu einem wahren Orkan der Freude. Der Blick auf das blaue Meer und über die Bucht war einfach atemberaubend. Die klare Luft des Dezembers schien die Farben noch intensiver leuchten zu lassen. Eine innere Ruhe und Entspannung machte sich in ihr breit und bestätigte sie in ihrer verrückten Idee, hierher gefahren zu sein. Ja, sie würde ihre Umgebung für sich so schnell es ging erkunden.

Daher hielt es sie auch nur kurz in ihrer Unterkunft, denn sie wusste um die Nähe der Kreidefelsen, aber auch von jener Mole, dessen Ende der grünweiße Leuchtturm bildete. Im Sommer war sie ja schön öfters über diesen steinernen Damm gegangen. Er gehörte für sie wie der Hafen und die kleine Altstadt zum Ort. An diesem Abend ihrer Ankunft hatte sie ein kleines Restaurant besucht, um so ihre Ankunft ganz für sich allein zu feiern. Zugleich freute sie sich auf die Abenteuer der nächsten zwei Wochen.

Tags darauf schien es der Wettergott gut mit ihr zu meinen. Die Sonne strahlte ungehindert vom azurblauen Himmel und reflektierte sich im Dunkelblau der Ostsee, die an diesem Tage sehr ruhig war. Nur kleine Wellen schlugen an die Strände. Daher beschloss sie, den Weg am Strand entlang zu den Kreidefelsen zu gehen. Zwar wusste sie um die Gefahr der Abbrüche, doch schien diese am heutigen Tag nicht gegeben zu sein. Sie nahm ihre Fotoausrüstung mit, in der Hoffnung eindrucksvolle Bilder von diesem Küstenabschnitt machen zu können. Das Licht der tiefstehenden Sonne würde ihren Aufnahmen einen ganz besonderen Stil verleihen. Sie sollte Recht behalten, denn als sie nach ihrer Wanderung bis zum Kieler Bach zurückkehrte und sich die Aufnahmen in ihrer Ferienwohnung besah, wusste sie, welche Schätze ihr die Natur geschenkt hatte. Das Gelb des Lehms und das Weiß der Kreide, oft durchzogen von einer dunklen Schicht, verliehen ihren Fotos fast etwas Überirdisches. Sie schienen aus einer völlig anderen Welt zu stammen und waren doch so real. So ermutigt beschloss sie, in den nächsten Tagen weitere Exkursionen zu unternehmen und ihren Schatz an Aufnahmen zu erweitern. Sicher würde sie im angrenzenden Wald des Nationalparks Jasmund noch viele Motive finden. Schon freute sie sich auf einen weiteren Sonnentag, als die Natur ihr zeigte, dass sie auch ganz anders konnte. Statt Sonne gab es Sturm, statt klarem Himmel rasten dunkle Wolken über den Himmel und zeigten ihr ein völlig anderes Gesicht. Dennoch hielt es sie nicht im Haus. Sie beschloss, in Richtung der Mole und des Leuchtturms zu gehen, um hier die Gewalt der Wellen und des Windes am eigenen Leib zu spüren. Zum Glück hatte sie an entsprechende Kleidung gedacht, sodass ihr das Wetter wenig ausmachen würde.

Über eine Treppe ging es zunächst zur Seebrücke, die zu ihrem Bedauern gesperrt war. Das aber machte ihr wenig aus, denn ihr Ziel war ja das Leuchtfeuer. Wie würde es hier sein, fragte sie sich, und machte sich auf den Weg in Richtung des Hafens. Erstaunt stellte sie fest, dass hier der Wind weniger war, da er wohl aus einer Richtung kam, wo der ansteigende Ort den Wind brach.

Das ändere sich schlagartig, als sie weiter auf die Mole ging. Hier bekam sie hautnah zu spüren, wozu die Ostsee fähig war. Die Gischt der heranbrechenden Wellen schlug ihr ins Gesicht und der Sturm zerrte an ihr. Je näher sie dem Leuchtturm kam, umso öfter sah sie, wie dieser durch die Gewalt der Wellen fast eingehüllt wurde. Solch einen Moment würde sie sich nicht entgehen lassen und hoffte darauf, dass es ihr gelang, ihn auf einem Foto festzuhalten. Die Aussicht auf besondere Bilder ließ sie jegliche Vorsicht vergessen und leichtsinnig werden. Es kam, wie es kommen musste. Eine weitere Sturmböe trieb einen Wellenberg vor sich her. Als er an die mit schweren Steinen verkleidete Mole schlug, entlud die Welle ihre ganze Kraft. Unzählige Liter Wasser spritzen über die Mauer und hüllten Anja ein. Von einer auf die andere Sekunde war sie völlig durchnässt und wäre fast ins Hafenbecken geschleudert worden, als sie von starken Händen erfasst wurde.

„Sind Sie wahnsinnig, sich bei solch einem Wetter hierher zu begeben“, hörte sie eine ärgerliche Stimme. Wortlos sah Anja auf die unbekannte Person, die ihr wohl gerade das Leben gerettet hatte. Sie erkannte, dass sie sich in höchste Gefahr begeben hatte und das nur wegen ein paar besonderer Fotos.
„Haben sie den Verstand verloren?“, hörte sie erneut die mahnende Stimme des Unbekannten. Statt zu antworten, sah sie ihn weiterhin wortlos an.
„Ich wollte doch nur ein paar Fotos vom Leuchtturm machen“, stammelte sie.
„Ist Ihnen ihr Leben weniger wert als ein paar Bilder? Wie verrückt muss man sein, um so etwas zu tun. Aber so seid ihr Touristen nun einmal. Ihr unterschätzt einfach die Gefahren. Wäre ich nicht zufällig hier auf der Mole gewesen, würden Sie jetzt wahrscheinlich als Fischfutter dienen. Zum Glück ahnte ich, was passiert und war rechtzeitig zur Stelle.“ Anja nickte zustimmend und schuldbewusst. Der Unbekannte hatte ja völlig recht.
„Ich danke ihnen für Ihre Rettung“, sprach sie und schaute nun genauer hin. Leider ließ seine dicke Kleidung wenig über die Statur des Mannes erkennen. Zudem wurde sein Gesicht durch eine Kapuze zum Großteil überdeckt und somit seine Statur fast kaum erkennbar. „Wie kann ich mich dankbar für ihre Hilfe erweisen?“, fragte sie spontan nach.
„Am besten in dem sie solch einen Blödsinn nicht noch einmal machen. Beim nächsten Mal bin ich vielleicht nicht wieder zur Stelle“, antwortete er und fügte hinzu. „Sie mögen zwar vieles können, aber zur Meerjungfrau sind sie wohl kaum geeignet.“ Er hatte den letzten Satz mit einem breiten Lachen gesprochen.
„Wie meinen sie das mit der Meerjungfrau?“, fragte sie nach.

„Nun, es gibt die Sage, dass der Meeresgott Poseidon sich an solchen Tagen wie heute junge Frauen holt und sie zu Meeresjungfrauen macht, die ihm das einsame Leben im Meer versüßen."

„Das hört sich gut an. Sie haben insofern recht, dass ich zwar alleinstehend bin, aber so nötig, dass ich dem Herrscher des Meeres, auf diese Weise Gesellschaft leisten will, habe ich es nicht." Sie bemerkte, wie er sie nun musterte.

„Alleinstehend hört sich nett an und wahrscheinlich sind sie auch eine hübsche Frau. Daher kann ich Poseidon gut verstehen, wenn er sie ausgewählt hat. Zum Glück hat er es nicht geschafft."

„Danke für das Kompliment." Sie zögerte einen Augenblick. „Ich heiße Anja". Wieder lachte der Unbekannte laut auf, was sie irritierte.

„Die nasse Anja wohl eher. Ich bin August." Er unterbrach seine Worte und sah sie erneut an. „Wir können unser Gespräch gerne fortsetzen, doch zunächst sollten wir dafür sorgen, dass sie ins Trockene kommen,".

„Ich wohne im Fürstenhof."

„Bei dem Wetter und in ihrem Zustand ist selbst dieser kleine Weg sehr lang", gab er zu bedenken. Dem stimmte sie zu, denn schon spürte sie, wie ihr kalt wurde. Doch was sollte sie tun? Nur in ihrer Ferienwohnung hatte sie frische Kleidung.

„Ich wohne hier ganz in der Nähe des Hafens. Wie wäre es, wenn sie zunächst zu mir kommen und sich dort ein wenig aufwärmen?"

„Danke für dein Angebot, August, aber ich gehe doch nicht mit einem Unbekannten so einfach mit. Für was hältst du mich denn?"

„Für eine Frau, die, wenn sie nicht bald ins Trockene kommt, sich eine heftige Erkältung, wenn nicht sogar Schlimmeres zuzieht. Aber es ist deine Entscheidung, Anja. Du kannst ja

gerne bis in dein Quartier gehen." Schon wollte er weitersprechen, als erneut eine Welle über die Mauer schlug. „Siehst du, auch Poseidon ist meiner Ansicht, dass du ins Trockene musst."
„Den Meeresgott sollte man wohl besser nicht erzürnen. Wer weiß, wozu er sonst noch fähig ist", gab sie zu. „Also gut, lass uns zu dir gehen. Du musst mir aber versprechen, dass du nichts anders im Sinn hast."
„Ich gebe dir mein Wort. Ich möchte nur nicht daran schuld sein, wenn du den Rest deines Urlaubs im Bett verbringst." Sie schaute ihn noch einmal fragend an. Konnte sie ihm vertrauen? Ihre innere Stimme sagte ja.
So machten sie sich auf den Weg, der jedoch länger dauerte als geplant, da immer wieder Wellen über die Mauer schlugen und ihnen kurz den Weg versperrten. Dann war es geschafft. August schloss die Türe zu seiner Wohnung auf und bat sie einzutreten. Sie sah sich um. Seine Wohnung schien sehr gemütlich zu sein.
„Am besten gehst du unter die heiße Dusche und wärmst dich auf, während ich deine Sachen zum Trocknen lege", bot er ihr an.
„Ich habe doch keine anderen Sachen dabei, oder glaubst du, dass ich nackt hier darauf warte, bis sie trocken sind?" Wieder lachte er auf. Überhaupt schien August ein fröhlicher Mensch zu sein, was sie sehr freute.
„Deine Andeutung mag zwar sehr verlockend sein, aber keine Sorge, ich gebe dir ein paar Sachen von mir, die du im Bad anziehen kannst", erklärte er. Ohne abzuwarten, griff er zu einem Schrank, aus dem er eine weite Hose und einen dicken Pullover nahm. Nun war sie beruhigt. Er zeigte ihr noch den Weg ins Bad und ließ sie dann allein. Als sie ihre nassen Sachen ablegte, zögerte sie noch einen winzigen Moment. Konnte sie August vertrauen, fragte sie sich erneut?? Sie warf alle Bedenken von sich und begab sich unter die heiße Dusche. Das heiße Wasser tat ihr gut und während sie im Dampf zusätzlich

eingehüllt wurde, spürte sie, wie sich Dankbarkeit in ihr breitmachte. Aber war es denn wirklich nur Dankbarkeit, oder war da vielleicht mehr? Sie hatte zwar von der Liebe auf den ersten Blick immer wieder gehört, aber gab es so etwas für sie auch? Sie konnte es sich nicht vorstellen. Sicher, August schien ein sehr sympathischer Mann zu sein, aber das war es auch schon. Sie wusste ja nichts über ihn außer seinem Namen. Weder sein Alter, noch sein Beruf, oder gar sein Beziehungsstatus waren ihr bekannt. Vielleicht war er ja verheiratet, oder hatte gar etwas auf dem Kerbholz, was er verschwieg. Vielleicht war das eine Masche von ihm, dass er an Tagen wie heute auf der Mole auf Frauen wie Sie lauerte, um ihnen so zunächst den Retter vorzuspielen, um sich danach an ihnen zu vergehen. Allein dieser Gedanke ließ sie erschaudern. Vielleicht sollte sie zusehen, dass sie so schnell wie möglich seine Wohnung verließ. Sie hoffte, dass er keine Probleme machte. Schon reifte in ihr der Entschluss einer regelrechten Flucht und sie wollte ihn umsetzen. Daher beeilte sie sich mit dem Abtrocknen und zog seine Sachen an, die ihr viel zu groß waren. Kaum dass sie das Bad verlassen hatte und in Richtung Ausgang gehen wollte, traf sie erneut auf ihn. Er hatte seine Windjacke und die anderen Sachen abgelegt. Nun erst konnte sie ihn so sehen, wie er eigentlich aussah. Was sie sah, ließ sie in ihrem Entschluss wanken, denn vor ihr stand ein sehr gepflegter stattlicher Mann, der so gar nichts mit jenen Gedanken zu tun hatte, die sie zur Flucht veranlassten.

„Sind etwas groß die Sachen, aber ich habe leider keine anderen“, stellte er fest und lächelte sie an. Sie stimmte zu. Da war dieses andere Gefühl in ihr, das sehr wenig mit Angst und Furcht vor ihm zu tun hatte. Im Gegenteil, das konnte doch nicht wahr sein, fragte sie sich wieder. Das gab es doch nur in romantischen Liebesgeschichten, aber nicht hier und jetzt, oder doch?

„Was hast du?“, fragte er. Ahnte er etwa, worüber sie nachgedacht hatte? „Ich bin nicht der Wolf im Schafspelz!“ Sie sah ihn erstaunt an. Woher zum Teufel kannte er ihre Gedanken?
„Ich habe tatsächlich darüber nachgedacht …“
„Das war mir schon klar“, unterbrach er sie. „Es kommt ja auch nicht jeden Tag vor, dass so etwas passiert. Ich habe dir mein Wort gegeben und wenn du möchtest, steht es dir frei zu gehen. Sobald deine Sachen trocken sind, bringe ich sie dir zum Fürstenhof.“ Sie zögerte erneut.
„Das wird nicht nötig sein. Ich fühle mich in deinen Sachen recht wohl“, gab sie zu verstehen.
„Das freut mich zu hören. Ich habe inzwischen etwas Warmen zu trinken gemacht, damit dir auch von innen etwas wärmer wird.“
„Ja, ich glaube, das kann ich jetzt auch vertragen“, stimmte sie zu. Er bat sie an den Tisch und holte zwei Gläser herbei, in die er ein gelbliches Getränk schüttete.
„Das ist ein Sanddorngrog“, erklärte er. Zögerlich, aber neugierig probierte sie das Angebotene und war erstaunt. Sicher, sie kannte die verschiedenen Getränke auf Sanddornbasis. Sie wurden überall auf der Insel angeboten. Doch einen Sanddorngrog kannte sie noch nicht und war erstaunt, wie gut er ihr mundete. Neben dem leicht bitteren Geschmack der gelben Früchte schmeckte sie den Rum und eine gehörige Portion Zucker heraus. Diese so gegensätzlichen Aromen passten vorzüglich zueinander.
„Schmeckt wirklich köstlich“, gab sie zu.
„Und wärmt richtig durch“, ergänzte er. Sie lachte auf, denn er hatte völlig recht. Schon spürte sie die angenehme Wärme in sich. Aber das allein war es nicht, denn erneut machte sich ein Gefühl in ihr breit, das sie so lange vermisst hatte. Sie begann, sich zunehmend in seiner Nähe wohlzufühlen. Was ihr besonders gefiel, war seine Art der Zurückhaltung. Er fragte nichts,

sondern ließ sie von sich aus berichten. Der Alkohol des Grogs mochte sicher seinen Teil dazu beitragen, doch eben nur zum Teil.

Je mehr Zeit verging, umso näher kamen sich die beiden. So erfuhr sie vieles von ihm und leistete stille Abbitte für jene Gedanken unter der Dusche. So erfuhr sie, dass er seit vielen Jahren allein hier in Saßnitz lebte und nur in der Saison arbeitete. Das war nichts Ungewöhnliches, denn so wie er lebten viele hier auf der Insel. Nach außen hin erschien es den Besuchern der Insel, als würde man hier recht schnell ein sicheres Auskommen haben. Erst von August erfuhr sie die Wahrheit und erkannte, welcher Illusion man erlag. Jetzt, außerhalb der Saison, lebten viele von dem, was sie erwirtschaftet hatten, oder mussten zu den Ämtern, um staatliche Hilfen zu beantragen. Diese Schattenseite sah man nur selten und es stimmte sie nachdenklich. Doch wozu darüber groß nachdenken. Sie war jetzt hier bei ihm und mit jeder Sekunde fühlte sie sich ihm mehr verbunden. Die Zeit flog dahin. Irgendwann in den späten Abendstunden waren ihre Sachen trocken und es war an der Zeit zu gehen.
„Ich begleite dich besser noch zum Fürstenhof", bot er ihr an. „Nicht, dass Poseidon einen weiteren Versuch unternimmt, dich zu holen", begründete er sein Angebot. Nur zu gerne nahm sie seine Begleitung an. Gemeinsam ginge sie durch die stürmische Nacht. Als sie vor ihrer Unterkunft standen, sahen sie sich fragend an. Es gab nur noch die eine Frage. Würde man sich wiedersehen, oder war der heutige Tag nur ein kleines Intermezzo ihres Lebens? Ein erster, zögerlicher Kuss, von beiden herbeiersehnt, war die Antwort.

Bis zum Ende ihres Urlaubs sah man sich nun täglich und mit jedem Augenblick wuchs ihre Verbundenheit zueinander. Aus

Befremdlichkeit wurde Zuneigung und sogar Liebe, eine Liebe, die schon bald nach mehr schrie. Als Anjas letzter Urlaubstag anbrach und der Abschied bevorstand, fiel es den beiden schwer, sich voneinander zu trennen.

„Ich werde wiederkommen", versprach sie ihm zärtlich und gab ihm einen letzten Kuss. Er verstand und hoffte, dass es nicht allzu lange dauern würde,

„Ich werde am Leuchtturm auf dich warten", versprach er ihr. Sie lächelte ihn dankbar an.

„Ich werde kommen!"

Tage vergingen und während bei vielen anderen ein solcher Urlaubsflirt bald seine Wirkung verlor, so wuchs bei Anja der Wunsch nach seiner Nähe von Tag zu Tag. Er wurde regelrecht zur Sucht. Fast täglich telefonierte sie abends und wenn, dann vergingen oft Stunden, da keiner von ihnen auflegen wollte. Der Winter endete und das Jahr wechselte. Die Tage wurden länger und langsam machte sich der Frühling mit seiner besonderen Macht breit. Anfang März hielt es Anja nicht mehr aus.

„Ich möchte bei dir sein", beklagte sie sich bei einem weiteren Telefonat.

„Du bist jederzeit bei mir willkommen und brauchst keine Unterkunft zu buchen." Ihr Herz raste bei diesen Aussichten. Zugleich wünschte sie sich, mehr als nur ein paar Wochen in seiner Gegenwart zu verbringen.

„Ich möchte für immer mit dir zusammen sein", gestand sie ihm. „Möchtest du das auch?" Er zögerte einen Moment, was ihr Herz nur noch schneller schlagen ließ. Wie würde seine Antwort lauten? Himmel und Hölle vereinigten sich für den Bruchteil einer Sekunde in ihr.

„Ich erwarte dich am Leuchtturm, um dich danach nie wieder aus meinen Armen zu lassen. Da kann der Meeresgott noch so toben. Ich gebe dich nicht mehr her!" Genau darauf hatte sie gehofft.

Das alles geschah vor vielen Jahren. Wenn Anja und August heute am Leuchtturm sind, dann erinnern sie sich an jenen denkwürdigen Tag, da sie das Schicksal zusammenführte. Bis heute sind sie ein Paar, das gemeinsam durch Sturm und Flaute, durch Höhen und Tiefen geht. Zwar machte Poseidon immer mal wieder den Versuch, sie zu holen, doch dank seiner starken Hände und ihrer Liebe gelang es ihm nicht. So wird es bleiben, solange die beiden leben.

Die Wunderquelle

Dass die Insel Rügen viele einzigartige Landschaften, wunderschöne Orte und viele touristische Ziele hat, ist hinlänglich bekannt. Weniger bekannt hingegen sind die Heilkräfte der Insel. Sicher, die jodhaltige Seeluft der Ostsee hilft bei Atemwegserkrankungen, die Kreidefelsen sind für ihre verjüngende Wirkung beliebt, und die Wälder werden Jahr für Jahr von tausenden Touristen besucht. In dieser Zusammenstellung der Attraktionen fehlt jedoch eine Besonderheit, die nur jene kennen, die ihre besondere Kraft erlebt haben. Es ist die Hertaquelle in der Binz-Therme.

So erging es auch Erich. Über viele Jahre hatte er sich im Berufsleben abgerackert und dafür einen hohen Preis bezahlt. Kaum dass er seinen vierzigsten Geburtstag erlebt hatte, spürte er, wie die Kräfte seines Körpers nachließen. Seine Gelenke schmerzten schon bei der kleinsten Anstrengung, was seiner Frau sorgenvoll auffiel. Vierzig, das war doch kein Alter, in dem er zum alten Eisen gehörte. Geistig fühlte er sich noch jung und vital, aber körperlich wie ein Greis. Um es zu ändern, suchte er einen Arzt nach dem anderen auf, konsultierte die besten Orthopäden, die er nur finden konnte, doch jeder gab ihm dieselbe Diagnose. Immer wieder hieß es „Es tut mir leid, aber ihre Gelenke sind verschlissen. Wir können Ihre Schmerzen vielleicht lindern, aber nicht heilen.“ Für Erich war es jedes Mal ein Schock, wenn er diese Aussage hörte. Sollte das alles gewesen sein, fragte er sich immer wieder? Je mehr Zeit verging, je schlimmer die Schmerzen wurden, umso mehr verlor er den Lebensmut. Aus dem einst lebensfrohen Mann, der das Leben liebte, wurde ein seelisches Wrack, das sich mit rasenden Schritten seinem Ende näherte. Sein Äußeres veränderte sich genauso schnell wie seine innere Einstellung zum Leben. Zur Mitte seines Lebens wirkte er eher wie ein Achtzigjähriger. Diese fortschreitende, negative Entwicklung wirkte sich auch auf seine Ehe aus. Zwar hielt seine Frau weiterhin zu ihm, doch war es wohl eher aus der Verantwortung als aus jener Liebe, die sie einst verbunden hatte. Kurz gesagt, das Paar lebte nur noch nebeneinander her. Die Momente des puren Glücks wurden seltener und schon schien es so, als würde der Zeitpunkt erreicht, dass auch diese Verbindung zerbrach. Wie aber sollten sie diese Abwärtsspirale stoppen? Wenn schon die Schulmedizin keine Lösung fand, hätte man vielleicht alternative Behandlungsformen versuchen können. Mit diesem Griff nach dem rettenden Strohhalm begann eine neue Odyssee. Sobald sie nur hörten, dass ihnen jemand Heilung versprach, machte sich das Paar auf den Weg, doch oft vergebens. Dass sie dabei Unsummen ausgaben, war ihnen letztendlich egal, wenn es nur endlich eine Hoffnung gab. So gesellten sich zusätzliche finanzielle Sorgen zu den bereits bestehenden. Zugleich verfluchte sie jene, die in ihrer größten Not Kapital daraus schlugen. Oft wurden sie gebeten, doch etwas mehr Geduld zu haben. Die Wirkung würde schon eintreten. Diese Versprechen sollten sich als Trugschluss erweisen. So verloren sie weitere Zeit, die doch so kostbar war.

Jetzt, wo feststand, dass man nur noch wenige Jahre hatte, besann sich das Paar auf seine alten Stärken. Wenn es denn schon so kommen sollte, würde man versuchen, den absehbaren Zeitraum noch glücklich zu verbringen. Anstatt weiterhin einem Traum nachzujagen, der sich nie erfüllte. Die Liebe der beiden begann neu zu erstrahlen und mochte es Erich an manchen Tagen noch so schlecht gehen, so reichte ein Blick in die Augen seiner geliebte Frau, um zu erkennen, dass sie das Wertvollste an seiner Seite war. Ja, er liebte sie wieder wie zu Beginn ihrer Beziehung. Die Nächte, da man nur nebeneinander schlief, gehörten schnell der Vergangenheit an. Sie genossen die süße Frucht der Begierde umso intensiver. Wenn sie nach solchen Nächten letztendlich einschliefen, sah man ein Lächeln in ihren Gesichtern.

Infolge dieser Veränderung begannen sie nun, Reisepläne zu schmieden. Noch einmal jene Orte und Plätze besuchen, von denen sie oft nur gehört und geträumt hatten. So erfuhren sie auch von der Insel Rügen. Viele ihrer noch verbliebenen Freunde schwärmten von der Insel, als sei sie das verlorene Paradies. Wenn man ihren Berichten glauben sollte, gab es dort alles, was man brauchte, um glücklich zu sein. Anfang Januar stand fest, dass sie die Insel im Mai besuchen würden. Auf der Suche nach einem geeigneten Quartier fanden sie im Internet auch das Dorint Hotel in Binz. Bereits der Blick auf die abgebildeten Zimmer und die zahlreichen lobenden Bewertungen überzeugten das Paar, auch wenn ihnen durchaus bewusst war, dass Bilder und Fotos schnell täuschen konnten. Dennoch buchte das Paar für zwei Wochen eines der Komfortzimmer. Wenn man schon dort Urlaub machte, dann richtig. Mit diesen Aussichten stieg die Vorfreude, je näher der Tag der Anreise kam. Anfang Mai war es dann so weit. Die lange Reise in Richtung der Trauminsel begann. Jetzt in der Vorsaison kamen sie recht zügig vorwärts und erreichten gegen Mittag ihr Ziel am westlichen Rand von Binz. Schon der erste Eindruck auf die weiß gestrichene Fassade im modernen Bäderstil vermittelte ihnen den Eindruck des Exklusiven. Ja, man sah dem Haus an, dass hier wohl mehr geboten wurde als üblich. Kaum dass sie das Hotel betreten hatten und zur Rezeption gingen, bemerkten sie die außerordentliche Freundlichkeit des Personals. Freundlich und herzlich half man ihnen. Als sie ihr Zimmer erreichten, reichte bereits der erste Eindruck, um festzustellen, dass ihre Freunde völlig recht mit ihren Angaben hatten. Farblich harmonisch abgestimmt beeindruckte es von der ersten Sekunde an, so als hätte man auf das Paar gewartet. Dieser Eindruck verstärkte sich, als sie auf den Balkon ihres Zimmers traten, von wo aus sich ihnen ein schier endloser Blick über die Ostsee bis nach Saßnitz bot. Als sie gar den wunderbaren, endlos erscheinenden Sandstrand sahen, war ihnen klar, dass man hier genau das Richtige gefunden hatte. Dass Erich ausgerechnet hier endlich von seinen Leiden erlöst werden sollte, ahnte das Paar bei der Ankunft jedoch nicht.

An ihrem ersten Urlaubstag beschlossen sie daher, die meiste Zeit am Strand zu verbringen, obwohl der Besuch der hauseigenen Therme durchaus interessant wäre. Doch warum im Gebäude bleiben, wenn doch die frische Luft der Ostsee viel reizvoller war. So verbrachten sie hier sorgenfreie Stunden, die leider zu schnell vergingen. Mochte das Wasser noch kühl sein, so scheuten sie sich nicht, hier ein ausgiebiges Bad zu nehmen. An diesem Tag sollten sie noch eine Bekanntschaft mit einem anderen Paar machen, das ihrem Aufenthalt eine unerwartete Wendung gab.

Das Paar hatte direkt neben ihnen am Strand auf einer Decke gelegen und genoss augenscheinlich die wärmenden Strahlen der Sonne und die glasklare Luft. Erich und seine Frau sahen auf den ersten Blick, dass es wohl frisch verliebt war. Ja, so sollte es ja auch im Urlaub sein. Völlig befreit von den Sorgen des Alltags, traten jene Gefühle an die Oberfläche, die lange im Hintergrund verborgen lagen, oder um es salopp zu formulieren, man sah ihnen die Begierde aufeinander an. Doch gebot es der Anstand, dass man es nicht zu deutlich zeigte. Als Erich es sah, schmunzelte er, was von dem Paar bemerkt wurde.
„Entschuldigung, aber wir können nicht anders“, vernahm er die Stimme der unbekannten Frau. Erich nickte ihr verständ-

nisvoll zu.
„Ja, wenn man frisch verliebt ist, kann man nicht genug voneinander bekommen“, merkte er an. Kaum dass er diesen Satz ausgesprochen hatte, bedankte sich die Unbekannte mit einem hellen Lachen.
„Frisch verliebt hört sich gut an, aber wir sind seit mehr als zwanzig Jahren verheiratet“, merkte sie zu seinem Erstaunen an.
„Und immer noch so verliebt wie am ersten Tag?“, fragte Erich nach.
„Wieder verliebt, dank der Wunderquelle.“
„Welche Wunderquelle? Ich habe noch nie davon gehört.“
„Der Herta-Quelle hier in der Therme. Waren sie noch nicht dort? Erich schüttelte den Kopf. „Nein, wir sind erst seit gestern hier“, gestand er.
„Dann sollten Sie es recht bald nachholen. Sie werden sich wundern, welche Kräfte sie entfaltet.“ Nun wurde Erich erst recht neugierig. Ahnte er von jenen Mächten, die tief unter der Oberfläche der Insel im Verborgenen schlummerten? Davon hatten ihm seine Freunde nichts gesagt.
Ich möchte nicht zu viel verraten, nur so viel, dass es sich lohnt. Am besten verbringen Sie einen ganzen Tag dort. Vor allem im Schwebebecken werden sie spüren, was ich meine“, fuhr die Unbekannte fort.
„Danke für den Tipp. Wir werden es ganz sicher tun.“ Damit endete die kurze Unterredung der beiden und jeder widmete sich wieder seinem Partner.

Bereits am nächsten Tag, direkt nach dem Frühstück beschlossen Erich und seine Frau, die Therme aufzusuchen. Kaum dass sie den Zugang passiert hatten, bemerkte sie, das auch hier eine besondere, ruhige und vor allem entspannende Atmosphäre herrschte. Zwar waren sie nicht allein, doch immerhin war es nicht so voll, dass es störte oder zu laut war. Um sich einzugewöhnen, beschloss das Paar, zunächst die beiden Hauptbecken zu nutzen, auch wenn er am liebsten sofort zum Schwebebecken gegangen wäre, das man ihm empfohlen hatte. Kaum dass sie im Becken waren, spürten sie die wohltuende Wärme, die seinen Gelenken bereits jetzt guttaten. Wie von selbst entspannte sich das Paar und verbrachte eine halbe Stunde in diesem Becken, bevor es in das nächste ging. Zu ihrer Freude bemerkten sie, dass es hier neben einem Gegenstrom eine Art von Whirlpool an den Seiten des inneren Beckens gab. Nur zu gerne genossen sie diese Annehmlichkeit und ließen sich vom Wasserstrahl massieren. Die bereits aufgekommene Entspannung setzte sich hier auf besondere Weise fort, und Erich konnte sich kaum vorstellen, dass es noch eine Steigerung geben konnte. Daher blieben sie hier etwas länger, bevor sie sich zum Besuch des Höhepunkts der Therme entschlossen, dem Schwebebecken. Um hierher zu gelangen, mussten sie den Raum verlassen und über einen verglasten Zugang gehen, der den kreisrunden Teil der Therme umschloss. Als Erich zur Decke blickte, bemerkte er, dass es fast aussah, als würde er in eine Art Zirkuszelt gelangen. Dieser Eindruck wurde durch die Stahlträger an der Decke zusätzlich verstärkt. Hier also sollte sich nach Aussage ihrer zufälligen Bekanntschaft vom Tage zuvor eine Wunderquelle befinden? Erich wurde skeptisch. Dennoch verbarg er seinen ersten Eindruck und begab sich mit seiner Frau ins Becken. Schnell bemerkte er, wie warm das Wasser war und vor allem, wie er praktisch schwerelos wurde. Instinktiv legte er sich auf den Rücken und wurde ohne auch nur eine Schwimmbewegung getragen. Ja, das war wirklich etwas Besonderes, stellte er fest und revidierte damit sein Vorurteil. Er sah zu seiner Frau, die wie er im Wasser trieb. Er reichte ihr zärtlich seine Hand und schloss die Augen, um dank der besonderen Stimmung für einige Momente im Reich der Träume

zu versinken. Nichts schien in diesem Moment auf die unsichtbare Kraft der Quelle hinzudeuten. So verbrachten sie einige Zeit in diesem Becken und genossen die wohltuende Ruhe und Entspannung. Dabei bemerkte weder er noch sie, dass die Göttin Herta, welche der Quelle ihren Namen gab, begann, ihr Wunder zu vollbringen. Fast eine ganze Stunde verbrachte man nun hier. Erst danach verließen sie, nachdem man sich ausgiebig geduscht hatte, das Rondell.
„Wie wäre es mit einem Gang in die Sauna?“, fragte Erich sie. Begeistert stimmte sie zu. Dass sie hier mehr als nur eine Sauna erwartete, erstaunte sie sehr, denn in diesem abgeschirmten Teil der Anlage gab es für jeden Geschmack etwas, sogar ein eigenes Dampfbad. Erich schien es so, als wollte der Betreiber seinen Gästen jegliche Art von Entspannung bieten, was ihm mehr als nur gelang. Abermals verbrachten sie hier einige Zeit, doch irgendwann meldete sich bei ihnen der Hunger. Um ihn zu stillen, zogen sie ihre Bademäntel über und begaben sich ins Restaurant des Hauses, wo sie ein ausgiebiges Essen zu sich nahmen. Erst danach ging es zurück ins eigentliche Bad.

Inzwischen war es schon recht spät geworden und schon dachte das Paar daran, den Aufenthalt hier zu beenden, als es bemerkte, wie sich mehrere Angestellte daran machten, im ganzen Raum mehrarmige Kerzenleuchter aufzustellen, was sollte das denn werden? Hatte man dieses besondere Ambiente etwa extra für sie arrangiert? Erich fragte höflich nach und erfuhr, dass man zweimal in der Woche dieses Candlelight anbot, um seinen Gästen einen besonderen Genuss zukommen zu lassen. Kaum dass die Kerzen entzündet waren, erklang leise aus dem Hintergrund eine passende, sehr romantische Musik, die das Erlebnis akustisch untermalte. Kurzerhand beschloss das Paar, länger zu bleiben. Erst danach begab man sich, ermüdet vom Tag in der Therme, zu Bett, nicht ahnend, dass bereits am kommenden Morgen sein Leben verändert wurde.

Als Erich nach traumlosem Schlaf an der Seite seiner Frau aufwachte, rechnete er wie immer damit, dass sich die Schmerzen melden würden, um ihm klarzumachen, dass er krank war. Längst hatte er sich daran gewöhnt und wartete auf die Nadelstiche. Zu seiner Verwunderung spürte er jedoch weder die Schmerzen noch sonstige Beschwerden. Bewusst tat er nun alles, um die Geister seines bisherigen Unbehagens zu beschwören, denn schließlich gehörten sie zu seinem täglichen Alltag. Doch egal was er auch tat, seine Bemühungen blieben ungehört. Wie konnte das sein? Erneut unternahm er weitere Versuche und bewegte sich bewusst so wie immer, wenn er die Schmerzen spüren wollte. Erneut geschah nichts. Stattdessen sah er auf seine Frau, die in sehr anziehender Weise und sehr erotisch, noch im Halbschlaf versunken dort lag. Unverhofft und völlig überraschend machten sich ganz andere Gefühle bei ihm breit. Vorsichtig, um sie nicht aus dem Schlaf zu reißen, zog er behutsam die Bettdecke zurück. Da lag sie nun, seine Frau, die er doch schon so lange kannte und ihm am heutigen Morgen so vorkam, als hätte er sie gerade erst kennengelernt. Sie wirkte wie eine schlafende Göttin, die sich kurz regte, um sich anscheinend wieder ins Reich der Träume zu begeben. Wie wunderschön sie doch war. Ganz gegen seine Gewohnheit näherte er sich ihr und begann, sie zärtlich zu liebkosen. Erst jetzt begann sie, sich zu regen und nahm eine Haltung ein, die ihn noch mehr erregte. Unverhofft schlug sie die Augen auf und sah ihn erstaunt an.
„Aber Erich …“ Weiter sollte sie nicht kommen, denn in den folgenden Stunden erlebten die beiden ein weiteres Wunder der Göttin Herta. Von Begierde getrieben vergaßen sie die Welt um sich herum und genossen dies Stunden der Sinnlichkeit. Erst als sie völlig erschöpft und gesättigt von den Genüssen waren,

legten sie sich lachend nebeneinander und schauten sich so zärtlich wie schon lange nicht mehr an. Schon wollte sie etwas sagen, als er abwinkte. Wozu auch nur ein Wort verschwenden, wenn es für das gerade Erlebte doch keiner Worte bedurfte. Erst am späten Nachmittag beschloss das Paar, sich zu erheben, doch auch nur, weil sie der andere Hunger überfiel. Anstatt den Abend in Binz zu verbringen, zog es sie erneut auf ihr Zimmer, wo sie fortsetzten, was am Morgen begonnen hatte.

Dass es sich hierbei nicht um ein einmaliges Erlebnis handelte, erfuhr das Paar in den Tagen, da es hier im Hotel weilte. Wer nun das Paar sah, hätte annehmen können, dass es sich gerade in den Flitterwochen befand. Bei einem Strandbesuch trafen sie dabei erneut auf jenes unbekannte Paar vom Tag ihrer Anreise. Lachend, nun wissend, begrüßte man sich herzlich.

„Ja, ich sehe, dass ihr nun versteht“, merkten ihre neuen Bekannten lachend an.

„Oh ja, wir haben verstanden, auch wenn ich es immer noch nicht so recht verstehe“, bestätigte Erich. „Ich frage mich zugleich, ob diese Wirkung über die Zeit unseres Urlaubs anhält, oder mit dem Überqueren der Rügenbrücke verschwindet“, gab er zu bedenken.

„Da brauchst du keine Sorgen haben. Die Göttin weiß schon, was sie tut.“ Die Annahme sollte sich bewahrheiten, denn fortan meldeten sich Erichs Schmerzen nie wieder. Sein langer Leidensweg schien ein Ende zu haben. Doch wie konnte das sein? Er beschloss, seinen Hausarzt aufzusuchen. Als er Erichs neue Vitalität erkannte, konnte er es sich nicht erklären.

„Das grenzt an ein Wunder“, diagnostizierte er. „Sie waren doch schon fast reif für den Rollstuhl und nun sehe ich einen Mann vor mir, der eher einem Zwanzigjährigen gleicht. Wie haben Sie das nur gemacht?“ Erich erklärte es ihm, doch schien der Arzt ihm nicht zu glauben.

„Ich möchte gerne noch verschiedene Tests mit Ihnen machen, um mir ganz sicher zu sein, dass Sie keine Beschwerden mehr haben“, wünschte der Arzt.
„Na dann machen wir doch ihre Tests, aber ich bin schon jetzt sicher, dass ich wieder gesund bin“, prophezeite Erich. Tatsächlich sollte er recht behalten. Erleichtert verließ er die Praxis, um sich zu seiner Frau zu begeben. Kaum daheim angekommen sah sie ihn zärtlich an.
„Na, was hat der Arzt gesagt?“, fragte sie nach. Erich erstattete ihr Bericht. Am Ende sah er sie liebevoll an.
„Wenn es tatsächlich die Göttin Herta war, die das Wunder vollbracht hat, dann sollten wir ihr auf unsere Weise danken“, sprach sie mit einer Stimme, die jegliche Vermutung zuließ.
„Nichts lieber als das“, lachte er noch, bevor er sie fest in die Arme nahm und sie ohne weitere Worte ins Schlafzimmer führte. Hier dankten sie der Göttin auf ihre Weise. Wieder einmal hat die Wunderquelle ihr Wirkung gezeigt, denn bis heute sind die beiden so glücklich wie zu Anfang ihrer Beziehung.

Zum Kaffee auf die Seebrücke

Die Seebrücken von Rügen gehören mit zu den beliebtesten Treffpunkten. Man findet sie in fast allen Seebädern. Unter all diesen sticht eine besonders hervor, die Seebrücke von Sellin.

Wie ein Märchenschloss im Wasser steht sie unterhalb der Steilküste des Seebades. Fast jeder der Rügen besucht, wird auch ihr zumindest für einen Moment jene Achtung erweisen und von ihrer fast magisch anmutenden Schönheit in den Bann gezogen. Könnte sie sprechen, so würde sie von Freud und Leid, von Ankunft und Abschied, von Versöhnung und Trennung berichten.

Auch Heinrich liebte besonders diese Seebrücke. Für ihn gehörte es schon immer zum Urlaub, hier zumindest an einem Tag im Sommer in aller Ruhe einen Kaffee auf der Terrasse zu trinken. Was konnte es Schöneres geben, als die Menschen zu beobachten, die wie er, hier flanierten und sich an ihrem Anblick zu erfreuen. Hier trifft sich die Welt, ohne Unterschied. Egal ob arm oder reich, hochgebildet, oder einfacher Mensch. Hier auf der Brücke verwischen die Unterschiede. Sicher, man sieht es oft den Besuchern an, welcher Schicht sie angehören. Sei es an der Kleidung, oder an ihrer Art zu sprechen. Niemand stört sich daran, es sei denn, man benimmt sich bewusst auffällig. Immer wieder sah er, wie sich Menschen für ein Foto in Pose stellten, um so zu zeigen, dass man hier gewesen ist. So ist es auch kein Wunder, dass es unzählige Bilder zu jeder Tages- oder Jahreszeit von der Seebrücke gibt. Besonders vom oberen Rand, am Fuße der Himmelsleiter, stellt sich die Seebrücke gerne selbst ins rechte Licht, so als wollte sie zeigen, wie einzigartig sie doch ist. Hinzu kommt jenes Flair des Seebades, was gerade hier von Eleganz und Luxus zeugt.
Genau diese Stimmung liebte Heinrich und genoss sie in vollen Zügen. Hier konnte er wunderbar von seinem Alltag abschalten und einfach nur genießen. Ihn störten die verschiedenen Geräusche und das Sprachgewirr wenig. Im Gegenteil. Für ihn gehörten sie zur Seebrücke wie die Ostsee. Er stellte sich oft einen Film ohne Ton vor. Sicher, das Gebäude selbst mochte schon für sich eine Attraktion darstellen, doch ohne das Umfeld wäre es eben dennoch nur ein Gebäude, das auf hohen Stützen in der Ostsee stand. Das rege Leben verlieh der Brücke erst das eigene Leben. So war es lange Zeit für ihn gewesen, bis zu jenem Tag, da er Maria genau hier, auf der Seebrücke von Sellin, kennenlernte.

Er hatte es sich wie so oft an einen der Tische gesetzt und seinen Kaffee bestellt. Kaum dass die Bedienung das kleine Tablett gekonnt vor ihn gestellt hatte, kam der Moment, auf den er sich stets aufs Neue freute. Fast wie in einer japanischen Teezeremonie nahm er das kleine Kännchen Milch und gab die Flüssigkeit in seine Tasse. Sorgfältig, ja fast schon mit Inbrunst, rührte er kaum hörbar in der Tasse und vermischte so die beiden Bestandteile. Aus dem schwarzen Kaffee wurde nun jene Komposition, auf die er sich so freute. Spätestens jetzt stellte sich bei ihm das Gefühl der Behaglichkeit ein. Nun konnte der wichtigste Teil seines Besuchs hier auf der Seebrücke kommen, die Beobachtung des Treibens, an und um diesen Anziehungspunkt.

Er sah jene, die leichtfüßig die Himmelsleiter hinunterkamen und jene, die sie schweren Schrittes, oft vor den letzten Stufen außer Atem, hinaufstiegen. Er hörte die Stimmen und die verschiedensten Mundarten der Gäste und versuchte, ihre Herkunft zuzuordnen. Ja, sie kamen aus allen Teilen des Landes, so als ob der stille Ruf der Brücke sie hierher geführt hatte. Mit einem dezenten Lächeln sah er jene Familien, die mit ihren Kindern der Brücke ihre Aufwartung machten. Manche von ihnen erkannte er wieder. Wie er selbst kamen sie jedes Jahr hierher, so als würde man einer ungeschriebenen Tradition folgen. Aus den Kindern wurden Heranwachsende. Aus kleinen Mädchen junge Frauen, die sich anschickten, mit ihrer jugendlichen Schönheit den Männern den Kopf zu verdrehen. Aus kleinen Jungen erwuchsen stattliche Männer die, mit ihrer natürlichen Dominanz das andere Geschlecht beeindruckten. Singles wurden zu Paaren und Eltern, so als wäre es der ewige Kreislauf des Lebens. Er sah aber auch jene Paare, die schon jahrzehntelang zusammen waren und sich hier augenscheinlich wieder neu verliebten. Oft wünschte er sich, gerade einer von

diesen zu sein, doch schien das Leben ihm diesen Wunsch nicht erfüllen zu wollen. Warum, das konnte er nicht sagen. Wahrscheinlich lag es an seiner schüchternen, zurückhaltenden Art. Er gehörte eben nicht zu jenen Männern, die sich gerne in den Vordergrund drängten. Seinen Platz im Leben sah er eher in den hinteren Reihen, dort wo man unbemerkt blieb.
Sicher, auch Heinrich liebte das weibliche Geschlecht und erfreute sich an ihnen. Auch hatte er einige Liebschaften gehabt, doch keine hatte die Zeit überdauert. Mal waren es einige Tage, Wochen und in seltenen Fällen ein Jahr gewesen. Irgendwann aber kam seltsamerweise jener Zeitpunkt, da er spürte, wie man sich entfremdete und letztendlich trennte. Immer wieder fragte er sich, wo jene Frau war, mit der er den Rest des Lebens verbringen konnte. Eine Frau an seiner Seite, die wie jene älteren Paare, die es schafften, das Feuer ihrer Zuneigung zu erhalten. Worin lag das Geheimnis einer solchen Beziehung? Diese Frage stellte er sich auch an diesem denkwürdigen Tag.
Tief in seine Überlegungen und Betrachtungen gefangen sah er nicht wie das Unheil, oder anders gesagt, das Schicksal seinen Lauf nahm. Am Nebentisch erhob sich gerade eine ganze Familie und war im Begriff ihren Platz zu räumen, als eine augenscheinlich leicht verwirrte Dame mittleren Alters, tief in unergründlichen Gedanken versunken, einen der Protagonisten anrempelte.

„Können sie nicht aufpassen!“, vernahm Heinrich die verärgerte Stimme. Allein ihr Dialekt verriet ihm, dass die Person wohl aus dem süddeutschen Bereich stammte. Nun sah er genau hin und beobachtete die sich anbahnende Szene genauer, so wie ein Voyeur.
„Entschuldigen Sie, es war keine Absicht“, stammelte die Frau sichtlich verschüchtert. Damit schien sich der Angerempelte nicht zufrieden zu geben.

„Haben Sie denn keine Augen im Kopf. Immer diese verdammten Träumer!“, hörte er weiter.
„Ich habe mich doch entschuldigt. Das kann doch jedem passieren.“ Es folgte ein Moment der Stille, so als würde die Auseinandersetzung schon ihr Ende gefunden haben. Dass Heinrich hier einem Irrtum unterlag, zeigten die nächsten Sekunden, denn der unbekannte Mann schien an diesem Tage schlechte Laune zu haben und nutzte die Situation als Blitzableiter. Weitere Schimpfkanonaden und Verwünschungen folgten. Inzwischen sahen auch andere Gäste hin, doch keiner schien ein Interesse daran zu haben, als Schlichter den banalen Vorfall zu beenden. Auch Heinrich machte in dieser Hinsicht keine Ausnahme. So wie manche es liebten bei Unfällen nur hinzusehen, anstatt Erste Hilfe zu leisten, ließ man dem Konflikt seinen Lauf. Das war ja mal was anders, als immer nur glückliche und zufriedene Menschen anzusehen. Der Unbekannte aber schien sich mit einem verbalen Wortgefecht wohl nicht zufriedenzugeben. Um seinem Frust endgültig abzureagieren, baute er sich bedrohlich vor der Frau auf. Nun sah Heinrich die Angst und Furcht in ihren Augen. Würde es etwa wegen solch eines unbedeutenden Vorfalls zu einer körperlichen Auseinandersetzung kommen? Heinrich spürte die Anzeichen der zunehmenden Eskalation. Würde er weiter zusehen oder eingreifen? Er kann es sich bis heute nicht erklären. Wie von einem inneren Zwang getrieben erhob er sich und näherte sich den Streithähnen.

„Entschuldigen Sie, wenn ich mich einmische, aber das kann doch wirklich jedem passieren. Warum also einen Zwergenaufstand wegen solch einer Lappalie machen“, versuchte er schlichtend zu vermitteln.
„Was geht Sie das an?“, wurde er scharf angeraunzt. „Wenn mir danach ist, stauche ich jeden zusammen, der mir quer kommt!“

„Die Dame hat es doch nicht absichtlich gemacht.“
„Und wenn schon. Mir ist eben danach, ihr zu zeigen, wer hier wer ist.“
„Und was oder wer sind Sie? Für mich sind Sie hier so wie alle anderen nur ein Gast. Nicht mehr und nicht weniger. Es gibt also keinen Grund für ihr ausfallendes Verhalten.“
„Pass mal auf, du Knirps, ich zeige dir gleich, wie es ist, wenn ich ausfallend werde!“ Schon bemerkte Heinrich die zur Faust geballte Hand. Damit hatte er nicht gerechnet. Würde er nun zur Zielscheibe des Unbekannten? Er sah sich um, doch niemand der Umherstreichenden schien sich dafür zu interessieren, was sich hier anbahnte. Er sah nur die Augen, welche wohl in Erwartung des Faustschlages gespannt zusahen. Doch wie sollte er reagieren? Sollte er die Frau einfach der Willkür des gereizten Mannes überlassen und sich zurückziehen, oder doch sich aktiv in die Schusslinie werfen? Er entschloss sich spontan zu Letzterem. Statt klein beizugeben, trat er näher an den Grobian und schaute ihm fest, aber bestimmt in die Augen. Schon spürte er die Wirkung seines Blickes. Noch wenige Sekunden zuvor schien der Unbekannte zu allem entschlossen, doch nun wankte er offensichtlich in seiner Entscheidung. Er sah auch, wie sich die drohende Faust entspannte. Zum Schluss stampfte er wortlos, zusammen mit seinen Begleitern, so wütend davon, dass die Bretter der Seebrücke unter seinen Füßen vibrierten. Heinrich atmete auf und wollte sich schon wieder an seinen Tisch setzen, als die unbekannte Frau sich ihm näherte.
„Ich danke Ihnen für ihre Hilfe. Ich hatte schon Angst um mich“, sprach sie mit sehr angenehmer Stimme. Heinrich hob abwiegelnd seine Hand.
„Ist schon gut. Ich konnte eben nicht nur zusehen wie die anderen hier.“ Sein Blick schweifte vorwurfsvoll über die anderen Gäste. Einige von ihnen sahen schuldbewusst zu Boden.
„Darf ich Sie zum Dank auf einen Kaffee einladen?“, fuhr die

Unbekannte fort. Heinrich deutete auf seine gefüllte Tasse.
„Das ist nett, aber wie Sie sehen, habe ich gerade erst einen Kaffee bekommen. Sie dürfen sich aber gerne zu mir setzen“, bot er ihr an. Nur zu gerne nahm die Unbekannte seine Einladung an. Heinrich sah, wie sich eine der Bedienungen dem Tisch näherte.
„Was darf ich Ihnen bringen?“, erkundete sie sich.
„Einen Kaffee bitte.“
„Mit Milch und Zucker?“
„Ja, gerne.“
„Kommt sofort.“ Der Angestellte eilte davon. Erst jetzt fand Heinrich die Gelegenheit, die Frau näher zu betrachten. Noch immer schien sie sehr angespannt zu sein.
„Es ist vorbei“, versuchte er, sie zu beruhigen.
„So etwas ist mir noch nie passiert“, hörte er ihre aufgeregte Stimme, in der immer noch die Angst mitschwang.
„Ja, manche Menschen sind eben so. Wenn ihnen eine Laus über die Leber gelaufen ist, suchen sie nur einen Vorwand, um ihren Ärger abzulassen. Heute waren sie das Opfer. Ich bin mir aber sicher, es hätte auch jeder andere sein können.“ Sie nickte zustimmend. Schon wollte sie weitersprechen, als der Kellner ihr Gespräch unterbrach und das Tablett mit dem Kaffee vor sie stellte. Erst als er den Tisch verließ, fuhr sie fort.
„Ich heiße übrigens Maria Hagen“, stellte sie sich vor. Heinrich sah sie erneut an. Nun hatte die Unbekannte einen Namen.
„Heinrich Borkhoff, oder wenn es Ihnen lieber ist, nennen sie mich einfach Heinrich.“
„Danke noch mal für die Hilfe, Heinrich. Es freut mich, dich kennenzulernen.“ Sie erhob sich und reichte ihm die rechte Hand. Zögernd, so als sei es wie bei einer ersten Verabredung, nahm er sie an. Er spürte den sanften Druck, so als wollte Maria ihrem Dank zusätzlichen Ausdruck verleihen.
„Machst du hier Urlaub?“, erkundigte sie sich. Er nickte.

„Ja, ich komme jedes Jahr nach Rügen und es gehört für mich schon einfach dazu, hier auf der Seebrücke meinen Kaffee zu trinken", erklärte er ihr. „Und du, was führt dich nach Sellin?"
„Ich mache so wie du hier Urlaub. Ich habe mein Quartier drüben in Binz, aber so wie bei dir gehört für mich ein Besuch hier auf der Seebrücke einfach zum Urlaub dazu. Leider hat mir der Vorfall den heutigen Tag ziemlich durchkreuzt."
„Lass dir doch davon nicht den Tag vermiesen. Es ist vorbei und nun freue dich einfach, dass du hier bist …"
„Und das in sehr angenehmer Gesellschaft", fiel sie ihm ins Wort.
„Danke für das Kompliment, das ich gerne zurückgebe." Heinrich spürte, wie er sich in Marias Nähe wohlfühlte. Dass es ihr auch so erging, bemerkte er am Strahlen ihrer Augen. Es war lange her, dass er es bei einer Frau gesehen hatte. Zugleich war ihm klar, dass die Begegnung mit ihr vielleicht nur ein kleiner Zwischenfall, ein kleiner Flirt, war, der bald schon der Vergangenheit angehörte.
„Berichte mir mehr von dir", unterbrach sie erneut seine Gedanken.
„Über mich gibt es nicht viel zu berichten", gab er zurückhaltend zu. Kaum hatte er die Worte gesprochen, als er seine Schüchternheit verfluchte.
„Jeder Mensch hat etwas von sich zu berichten", fragte sie weiter. „Wie alt bist du, bist du verheiratet, und was machst du sonst, wenn du keinen Urlaub machst und unbekannten Frauen zur Hilfe eilst."
„Ich bin Ende 30, Single und im Berufsleben ein kleiner Angestellter. Also nichts mit dem ich mich hervortun könnte", gab er wahrheitsgemäß zur Auskunft. „Nun aber die gleichen Fragen an dich", forderte er sie auf.
„Ich bin 35, ledig, keine Kinder und keinen Freund. Arbeiten tue ich als Verkäuferin in einer kleinen Boutique."

„Jetzt verstehe ich deine elegante Erscheinung“. Sie lachte auf. „Oh danke, aber das ist nur eine Fassade. Die mein wahres Ich verschleiert.“

„Und wie ist dein wahres Ich?“

„Willst du das wirklich wissen? Ich empfinde deine Frage schon etwas intim.“

„Oh entschuldige, ich wollte dir nicht zu nahe treten.“ Sie bemerkte, dass sie ihn wohl mit ihrer Aussage etwas verärgert hatte. Heinrich beeilte sich, seinen Kaffee auszutrinken und wollte sich schon erheben, als sie ihn bat, doch zu bleiben.“

„Siehst du, das ist eben meine Art. Sobald ich jemanden kennenlerne, trete ich in den erstbesten Fettnapf und verschrecke so die Männer“, entschuldigte sie sich.

„Schön, dass du so ehrlich bist. Ich gebe zu, deine Aussage hat mich etwas getroffen. Ich bin eben sehr dünnhäutig und unbeholfen, wenn es um ein Gespräch geht.“

„Nicht unbeholfen, vielleicht etwas zu spontan und leicht zu kränken.“

„Ja das trifft es wohl eher. Wie du siehst, habe ich auch Fehler, die es mir schwer machen, eine Frau zu treffen, die mich interessiert.“

„Du brauchst dich nicht zu rechtfertigen. Ich verstehe es ja. Irgendwie hat doch jeder Mensch seine Fehler und Angewohnheiten. Daher bin ich froh, dass du trotz meines Ungeschicks sitzen bleibst. So kann ich vielleicht meinen ersten Eindruck revidieren.“ Heinrich sah sie fragend an. Meinte sie das ernst? War sie vielleicht wie er vom Leben frustriert und hatte innerlich bereits damit abgeschlossen, einen Mann kennenzulernen. Ihm war bewusst, dass gerade bei Frauen in ihrem Alter die biologische Uhr tickte. Zugleich verwarf er den letzten Gedanken.

„Was liebst du besonders an der Insel?“, versuchte er das Thema zu wechseln.

„Das ist eine schwere Frage. Im Grunde suche ich nur Erholung und Ruhe. An eine neue Bekanntschaft habe ich keinen Gedanken verschwendet."
„Dann geht es dir wie mir", gab er zu. „Auch ich habe nie daran gedacht, jemand Neues kennenzulernen, Aber wie du siehst, kann ich mich irren."
„Du möchtest mich also näher kennenlernen?
„Ja, warum nicht. Es ist doch schön, wenn es jemanden gibt, mit dem man die schönsten Wochen des Jahres verbringen kann." Heinrich unterbrach sich, denn er sah im Hintergrund ein älteres Paar, das sich an den Händen hielt und ganz offensichtlich über ihre Liebe sprach.
„Das wäre meiner Vorstellung von einer Beziehung", deutete er an. Sie folgte seinem Blick und verstand.
„Ja, zusammen alt werden und doch jung im Herzen wie am ersten Tag. Das wäre auch mein Traum vom Leben." Er bemerkte den sehnsüchtigen Klang in ihrer Stimme.
„Ein Traum sicherlich, aber eben nur ein Traum, dem man nachjagt und doch nie erreicht", griff er ihren Gedanken auf.
„Wie lange mögen die beiden wohl ein Paar sein?", fragte sie ihn.
„Ich weiß es nicht, aber ich schätze, dass sie schon die goldene Hochzeit gefeiert haben, also mindestens 50 Jahre." Zu seinem Erstaunen erhob sich Maria und begab sich einfach zu dem älteren Paar. So dreist konnte doch kein Mensch sein, oder doch? Sie schien das Paar anzusprechen und bekam wohl eine Auskunft. Er hätte sich das nie getraut. Sie kehrte zu ihm zurück.
„Wir haben uns beide geirrt, denn das Paar ist erst wenige Jahre zusammen", gab sie ihm zu verstehen.
„Du bist ganz schön verrückt. Sprichst einfach fremde Leute an und fragst nach solch privaten Dingen?" Nun lachte sie hell auf.

„So bin ich eben. Wenn ich etwas wissen will, frage ich einfach. Mehr als eine ablehnende Antwort hätte ich nicht bekommen können."
„Da pflichte ich dir bei, es sei denn, man trifft auf solche Männer wie jenen, der uns zusammenführte." Sie nickte heftig.
„Manchmal geht das Schicksal ganz eigene Wege und tut Dinge, an die wir nicht im Traum denken."
„Ja, das Schicksal ist jene unergründliche Macht, die wir nie verstehen werden und doch unser Leben beeinflusst. Wir können gerne darüber diskutieren, inwiefern es eine solche Macht gibt. Doch finde ich, dass hier nicht der passende Rahmen für ein solches Gespräch ist." Sie sah ihn fragend an.
„Wie meinst du das?"
„Nun über das Schicksal und das Leben könnten wir stundenlang reden. Letztendlich werden wir beide sicher Pro- und Kontrapunkte finden. Jedoch vermutlich keinen gemeinsamen Nenner, da wir beide unterschiedliche Sichtweisen vom Leben haben."
„Das hört sich aber sehr abweisend an."
„Nein, ich bin nur realistischer wie du. Ich glaube nicht mehr an eine positive Wendung in meinem Leben. Dafür wurde ich zu oft enttäuscht. Ewige Liebe bis zum Tod, das kann ich mir derzeit kaum vorstellen."
War es so schlimm, was du erlebt hast?" Er nickte und wurde traurig.
„Zu oft habe ich darauf gehofft, zu oft an diesen Traum geglaubt, und zu oft eine Enttäuschung erlebt."
„So wie ich. Dennoch glaube ich an die ewige Liebe."
Wie soll ich es dir zeigen, da wir uns gerade erst kennenlernen?"
„Ist nicht jeder Schritt ins Unbekannte ein Wagnis?"
„Sicher ist es das. Man könnte es auch so sagen: Ein Freund ist ein Unbekannter, dem man bisher nicht begegnet ist."

„Gut gesagt, aber wie sagt man auch. Wer nicht wagt, der nicht gewinnt." Zur Unterstreichung ihrer Worte berührte sie seine Hand. „Ich für meinen Teil würde das Wagnis mit dir eingehen." Er sah sie erstaunt an.
„Meinst du das ernst, oder suchst du nur eine Urlaubsbekanntschaft? Bitte sei ehrlich!"
„Ich suche weder eine lockere Beziehung, noch so wie du es ausdrückst einen Flirt. Wenn dann möchte ich mich richtig verlieben und das für immer. Ja, das ist mein Traum."
„Und woher weißt du, dass ich der Richtige bin?
„Ich weiß es nicht, aber ich vertraue dem Schicksal, das uns hier zusammengeführt hat. Wäre es anders, würden wir hier nicht sitzen und uns über das Thema unterhalten. Du scheinst wie ich vom Leben enttäuscht zu sein. Doch genau diese Erfahrungen sind unsere Gemeinsamkeit. Warum also nicht an das Leben glauben?" Sie schaute ihm tief in die Augen, wo er ein loderndes Feuer sah. Maria schien wirklich etwas verrückt zu sein, doch genau das machte sie aus und gefiel ihm zunehmend. Zu seinem Erstaunen erhob sie sich und näherte sich ihm. Ihr Blick wurde noch sanfter und zärtlicher.
„Lass es uns einfach versuchen und sehen was passiert", sprach sie und hauchte ihm einen Kuss auf den Mund. Heinrich fühlte sich augenblicklich regelrecht überrumpelt, wenn auch auf eine sehr angenehme Art. So erwiderte er den Kuss, der nun immer inniger wurde. Als sie sich voneinander lösten, spürten beide, wie das Schicksal sie verändert hatte. Es kam ihm so vor, als würde er Maria schon viele Jahre kennen. Dabei waren es doch nur wenige Minuten.
„Und nun?", fragte er nach, denn er konnte es immer noch nicht fassen, was gerade geschah.
„Das wird sich zeigen. Lassen wir uns überraschen." Er nickte zustimmend und lachte sie, nun schon vom Hauch der Liebe gestreift, freudig an.

„Wie wäre es mit einem Spaziergang oben im Wald. Ich habe gehört, dass es dort sehr schön sein soll."

„Nur zu gerne, Heinrich."

„Er bat die Bedienung zu sich und verlangte nach der Rechnung. Zu seinem Erstaunen aber gab man ihm zu verstehen, dass der Kaffee aufs Haus ging, da er dank seiner Zivilcourage den Streit geschlichtet hatte. Er bedankte sich. „Wenn Sie wüssten, dass es weit mehr war", dachte er für sich. Die beiden erhoben sich und verließen die Seebrücke. Anstatt die Treppen hinaufzusteigen, nahmen sie den Schrägaufzug, wo sie bereits händchenhaltend und im Rausch der Erwartung sich tief in die Augen sahen. Die Welt um sie herum schien zu verschwimmen und nur ihr junges Glück beherrschte ihre Sinne. Oben am Steilufer angekommen nahmen sie den Weg in Richtung der Granitz, wo sich auch das bekannte Jagdschloss befand. Das aber war dem Paar egal, denn sie wollten nur für sich die kommenden Stunden genießen.

Bis zum Ende ihres Urlaubs traf man sich nun regelmäßig. Aus der zögerlich entflammenden Zuneigung entwickelte sich eine tiefe und wahrhafte Liebe. Als ihre gemeinsamen Tage hier auf Rügen endeten, stand für beide fest, dass man sich so schnell wie möglich wiedersehen wollte. Somit bedeutete der Abschied nicht das Ende, sondern lediglich eine kleine Pause in ihrer Beziehung. Wenige Wochen später traf man sich erneut und stellte fest, dass die Zeit ihrer Beziehung nicht geschadet hatte, sondern das Gegenteil passiert war. Es kam, wie es kommen musste. Maria und Heinrich wurden ein festes Paar.

Weitere Jahre zogen ins Land. Der Traum, an den er zunächst nicht geglaubt hatte, sollte sich erfüllen. Gemeinsam wurden sie alt, doch ihre Liebe, die einst auf der Seebrücke zu Sellin ihren Anfang nahm, blieb erhalten und brennt immer noch. Heute sind sie es, die man dort händchenhaltend sieht und ihre

Zuneigung zueinander bekennen.

Blind Date zum Sonnenuntergang

In Zeiten des modernen Internets ist es normal, dass Ferienwohnungen und Hotelzimmer auf diese Weise gesucht und gebucht werden. Die Zeit der dicken Reisekataloge und aufwendigen Beratungen gehört zwar noch nicht der Vergangenheit an, ist aber sehr rückläufig. Im Zuge dieser Entwicklung werden die schönsten Unterkünfte von bekannten Buchungsportalen auf eigenen Seiten der Vermittler, oft sehr aufwändig gestaltet und präsentiert. Sicher, der persönliche Kontakt hat weiterhin seine Berechtigung und das ist auch gut so. Im Dialog können so viele Fragen beantwortet werden. Hier buhlen die verschiedensten Anbieter um die Gunst der Feriengäste. Schließlich gilt es, möglichst hohe Buchungszahlen zu erzielen, was besonders für die Vor- und Nebensaison erwünscht ist.

Das trifft auch auf viele Unterkünfte der Insel Rügen zu. Für einen solchen Anbieter von Ferienunterkünften arbeitete auch Anita in einem Callcenter. Dank ihrer besonderen Stimme am Telefon gelang es ihr leicht, die Suchenden vom Angebot zu überzeugen, was von ihrem Arbeitgeber mit Freude bemerkt wurde. Durch ihre herzliche, freundliche und charmante Art entging ihr kaum eine Anfrage. Sobald sie einen Gesprächspartner hatte, dauerte es nicht lange, bis er an ihrem Fliegenfänger hing. Gezielt und mit sehr viel Einfühlungsvermögen auf die individuellen Wünsche gab es kein Entrinnen, was nicht bedeutete, dass Anita übertrieb oder falsche Versprechungen machte. Sie war einfach von der Insel begeistert, was ihre Kundschaft wohltuend bemerkte. Sie konnte sich kein schöneres Ferienziel vorstellen. Dabei ging es ihr jedoch weniger um die bekannten Ziele, die eh jeder kannte, sondern vielmehr um das unbekannte Rügen, jene Landstriche, die nur selten, wenn überhaupt besucht wurden. Unter all den wunderschönen Stränden der Insel hatte sie für sich den Strand in Bakenberg als Favoriten erkoren. Sobald sie Freizeit hatte, zog es sie hierher. Hier gab es eben nicht jenen Trubel der bekannten Seebäder, sondern Ruhe und Stille, welche sie so sehr liebte. Nur wenn ihr danach war, fuhr sie auch schon mal nach Sellin, Binz, Baabe oder Göhren an der Ostküste. Schnell erkannte sie jedoch, dass dieser Rummel und die Menschenmassen nicht ihre Sache waren. Ihr schlichter Holzbungalow im Ferienpark Möwenort bildete jenes kleine Domizil, ihr ganz privates Ressort, wo sie die Welt vergessen konnte. Sobald sie auf der hölzernen Plattform des Zuganges an die Ostsee stand, wusste sie, dass sie nur hier jenes Gefühl finden konnte, das ihre Seele streichelte.

MOWENORT

Wenn ihr Blick über den endlos erscheinenden Sandstrand streifte und den Wind in ihren blonden Haaren spürte, fühlte sie sich daheim. Was konnte es Schöneres geben, als an der Wasserlinie entlangzuwandern und den Blick auf die blaue See zu werfen? Hier schien der Horizont keine Grenzen zu kennen, was ihr das Gefühl von grenzenloser Freiheit und Verbundenheit zu diesem Teil der Insel schenkte. Zwar lebte Anita allein, doch störte sie das wenig. Stattdessen erfreute sie sich am regen Treiben der Besucher. Hier, das fiel ihr wohltuend auf, gab es keine Vorschriften und jeder konnte sich so erholen, wie er es für richtig erachtete. Egal ob bekleidet oder nackt, dick oder dünn, Single, Paar, oder Familie, hier existierten keine Unterschiede. Dafür liebte sie diesen Strand, aber auch den schmalen Streifen des Kiefernwaldes, der sich von Nonnewitz bis zur Krepnitzer Heide am Strand entlang zieht.

Hier verbargen sich, harmonisch und dezent zwischen den Bäumen untergebracht, zahlreiche Ferienparks. Das Kunststück zwischen kommerzieller Nutzung und Achtung vor der Natur galt als Leitfaden und spiegelte sich in den unzähligen kleinen Holzhäusern, sowie im großen Campingplatz von Nonnewitz wieder. Diese Art des Urlaubs reflektierte sich auch in den Gästen der Parks. Wer hierher kam, suchte keinen Luxus, sondern den Einklang mit der Natur. Zurück zum einfachen Leben vereinte die Schar der Erholungssuchenden. Anita liebte diese Gemeinschaft und oft sah man sie mit einem Lächeln, einfach nur mit allen Sinnen genießen, durch die Anlagen gehen. Wenn es sich ergab, hielt sie auch mal ein kurzes, unverbindliches Gespräch, so wie viele andere auch. Man war eben unter sich. Während tagsüber die Sonnenhungrigen den Strand bevölkerten und ein Bad in der hier sehr flachen Ostsee nahmen, veränderte sich zum Abend hin das Publikum. Nun kam die Stunde der Pärchen. Ob neu verliebt oder viele Jahre vereint, sie alle genossen das Schauspiel an den klaren Abenden, welches ihnen die Natur schenkte. Langsam veränderte sich der westliche Horizont. Das Blau des Tages wurde vom gelbrot der untergehenden Sonne abgelöst. Aus den klaren Konturen der Menschen am Tage wurden dunkle, farblose Silhouetten, die, oft Arm in Arm, hinaus auf das Meer und den Star des Abends sahen. Wenn die Sonne lautlos unterging, spürte jeder die Besonderheit dieses Moments. Achtungsvolles Schweigen und Staunen über das immer wiederkehrende Ereignis beherrschten nun den Strand. Gebannt wurde das Versinken der Sonne im Meer verfolgt. Wenn der Glutball versunken war, zeigten viele der Besucher durch begeisterten Applaus der Natur ihre Achtung. Erst jetzt leerte sich langsam der Strand und überließ den Wesen der Nacht die Herrschaft.

So sollte es auch bleiben und daher bot sie dieses Kleinod bei ihren Beratungen am Telefon nur jenen an, die gezielt danach suchten. Wenn aber die Sprache darauf kam, begann sie zu schwärmen, was bei ihren Mitstreitern weniger ankam. Schließlich waren ihre Auftraggeber die bekannten Hotel- und Ferienhausbesitzer an der Ostküste und nicht dieser, in ihren Augen, verlorene Außenposten am Rande zum Nirgendwo. Anita war das völlig egal, denn sie wusste wohl am besten, wovon sie sprach, aber auch dass viele hier ihren Job nur wegen des Geldes und nicht aus Überzeugung machten. Das war eben der Unterschied zwischen ihr und den anderen.

Während sie beruflich so sehr viele Kontakte hatte, sah das völlig anders aus, sobald sie heimkam. Hier gab es jene Träume nicht, die sie Tag für Tag verkaufte. Hier herrschte die triste Einsamkeit einer verlorenen Seele. Dabei war Anita doch eine recht attraktive Frau und hätte eigentlich längst das Glück gefunden haben müssen. Leider hatten sie die meisten Männer auf ihr Aussehen reduziert sich ansonsten aber wenig um sie selbst gekümmert. Stets war sie nur das Anhängsel ihrer bisherigen Partner gewesen. Durch diese Erfahrungen bis ins Tiefste erschüttert, hatte sie für sich das Kapitel Familie zur Seite gelegt. Nie würde sie Kinder haben, die in ferner Zeit, ihre Nachfolge antreten und ihren Namen in die nächste Generation führen würden. In ihrem Alter begann die biologische Uhr zu ticken. Mit dieser Aussicht hatte sie sich ein gemütliches Heim geschaffen, das sie ganz nach ihren persönlichen Vorstellungen eingerichtet hatte, an deren Wänden sie unzählige Fotos von ihren Reisen auf die Insel gehängt hatte. So konnte sie auch hier in ihren Gedanken davon träumen.

An einem Tag, da Anita ihren Arbeitsplatz aufsuchte, war die Sehnsucht besonders stark. Am liebsten hätte sie ihren Chef gebeten, sie in den Urlaub zu lassen, was aber leider nicht ging,

da derzeit die meisten Buchungsanfragen hereinkamen und jeder Mitarbeiter gebraucht wurde. Kaum dass sie an ihrem Platz war, kam auch schon der erste Anruf.
„Hallo, Sie sprechen mit Anita Meyer. Was kann ich für Sie tun?“, stellte sie sich wie immer am Telefon vor.
„Schönen guten Tag Frau Meyer“, vernahm sie eine männliche Stimme. „Ich bin über Ihre Webseite auf Sie aufmerksam geworden und suche ein Feriendomizil für den Sommer auf Rügen. Was können Sie mir empfehlen?“
„Nun, das kommt ganz auf Ihre Vorstellungen und Wünsche an. Die Insel hat für jeden etwas.“
„Wie meinen Sie das?“
„Ganz einfach. Sie können Luxusurlaub in den bekannten Seebädern an der Ostküste, aber auch Campingurlaub in den weniger bekannten Orten machen. Es kommt also ganz darauf an, was sie sich vorstellen.“
„Ich möchte weder Luxus noch Campen. Gibt es vielleicht eine Alternative dazu?“
„Ja, die gibt es. Wie wäre es mit einer schlichten Ferienwohnung oder einem kleinen Hotel?“
„Weder noch. Ich suche etwas ganz Einfaches, aber Spezielles. Ich weiß nicht, ob sie verstehen, was ich meine.“ Anita fing an zu lachen, was der Unbekannte wohl mitbekam. „Wieso lachen Sie. Sind meine Wünsche so außergewöhnlich?“
„Nein, das sind sie nicht. Ich selbst liebe diese Art von Urlaub, die sie meinem.“
„Aha, dann sind sie wohl eine echte Rügenkennerin?“
„Ja, ich verbringe regelmäßig meinen Urlaub dort.“
„Nun, für mich ist es das erste Mal, dass ich nach Rügen möchte. Ich habe so viel über die Insel gehört, dass ich neugierig geworden bin.“
„Ich verstehe sie. Ja, Rügen das ist schon etwas Besonderes …“

„Das merkt man Ihnen an“, unterbrach sie der Mann. Er zögerte einen Moment. „Wo würden Sie Urlaub machen?“, fragte er nach. Schon wollte Anita nichts darauf antworten, doch eine innere Stimme verhinderte es.
„Wenn dann bin ich im Feriendorf Möwenort in Dranske Bakenberg“, gab sie zu und wunderte sich zugleich, warum sie es dem Fremden so offen sagte. Er war doch nur, wie so viele, ein Kunde, der eine Beratung wollte und im besten Fall eine Buchung abgab.
„Erzählen Sie mir bitte warum ausgerechnet dort“, bat der Mann.
„Was soll ich Ihnen sagen. Ich fühle mich dort einfach wohl. Dort gibt es kleine, aber gemütliche Holzhäuser und einen wunderbaren Sandstrand …“
„Das hört sich doch schon mal gut an“, fiel ihr der Mann wieder ins Wort.
„Das ist Ansichtssache. Für mich ist es der schönste Ort der Welt und die Sonnenuntergänge sind spektakulär. Ein Ort für Paare, Familien oder eben Menschen, wie ich es bin.“
„Ich bin Single“, hörte sie den Fremden, der ihr trotz der Anonymität sympathisch wurde. Wie konnte das sein?
„Ich bin auch allein, aber das ist für mich in Ordnung“, hörte sie sich zu ihrer Verwunderung sprechen. Sie hörte ein Lachen am anderen Ende der Leitung.
„Dann sind wir schon zwei“, stellte er fest.
„Das mag sein, aber wir würden uns wohl kaum dort treffen, denn ich liebe meine Art zu leben.“ Schon wollte sie versuchen, wieder zum Thema zu kommen, denn trotz allem hatte sie beruflich Prioritäten zu setzen und die hatten nichts mit ihrem Privatleben zu tun. „Können wir also bitte auf ihre Vorstellungen zurückkommen“, sprach sie daher etwas verärgert.
„Entschuldigen Sie, ich wollte Ihnen nicht zu nahe treten“, hörte sie versöhnlich.

„Ist schon in Ordnung. Alles gut."
„Ich werde mir ihr Angebot überlegen und mich dann wieder bei ihnen melden, Frau Meyer, sofern ich es darf."
„Sicher dürfen Sie das. Doch überlegen Sie nicht zu lange. Nicht dass Sie nachher keine Unterkunft mehr bekommen."
„Danke für den Hinweis. Ich werde ihn beherzigen." Damit endete das Gespräch und Anita wendete sich dem nächsten Anrufer zu. So ging es den ganzen Tag und schon hatte sie den Anruf des Unbekannten vergessen, als er sich tags darauf wieder bei ihr meldete.
„Es ist schön, wieder Ihre Stimme zu hören, Frau Meyer. Ich habe extra darum gebeten, von Ihnen beraten zu werden", sprach er.
„Das haben Sie nett gesagt, aber meine Kollegen und Kolleginnen hätten ihnen auch das Passende angeboten."
„Ich wollte aber von Ihnen beraten werden", hörte sie seine feste Stimme. „Ich habe mir im Netz Fotos vom Möwenort angesehen und bin angetan. Bitte buchen Sie mir daher einen Bungalow eine Woche für Ende August."
„Gerne doch. Sie werden es nicht bereuen."
„Das glaube ich auch und wer weiß, vielleicht trifft man sich ja zufällig dort." Anita war verwundert, denn tatsächlich hatte sie für Ende August sich zwei Wochen Urlaub genommen, den sie in Möwenort verbringen wollte. Woher aber sollte der Unbekannte das wissen? Sie beschloss, es ihm nicht zu sagen, sondern führte die Buchung aus.
Die Tage und Wochen bis zu ihrem Urlaub vergingen und je näher der Termin rückte, umso erwartungsvoller und fröhlicher wurde ihre Stimmung. Endlich ging es wieder auf die Insel. Kaum dass sie den schmalen Weg durch den Wald entlangfuhr, spürte sie, wie sehr sie diesen Ort doch vermisst hatte. An der Rezeption angekommen wurde sie wie eine alte Freundin herzlich begrüßt.

„Schön, dass Sie wieder hier sind, Frau Meyer. Ihr Bungalow ist bereits hergerichtet und wartet auf Sie. Hier wurde übrigens ein Brief für Sie abgegeben. Ich sollte ihn weiterreichen, sobald Sie hier ankommen.“ Anita war sichtlich überrascht, denn wer wusste schon, dass sie hier um diese Zeit Urlaub machen würde. Sie wolle sich schon nach dem Absender erkundigen, als ihr zu ihrer Verwunderung mitgeteilt wurde, dass man ihn ihr nicht verraten sollte. Das kam ihr nun doch etwas merkwürdig vor. Sie nahm den Brief zusammen mit dem Schlüssel und begab sich zu ihrer Unterkunft. Sie setzte sich auf einen der Stühle auf der Veranda und öffnete das Kuvert.

„Sehr geehrte Frau Meyer,
ich habe darum gebeten, Ihnen diesen Brief geben zu lassen, sobald Sie hier erscheinen. Sie haben mich sicher schon vergessen, aber Ihnen verdanke ich es, dass ich hier meine Ferientage verbringe. Zu gerne würde ich Sie unverbindlich treffen, um Ihnen persönlich zu sagen, dass es eine gute Entscheidung war. Zugleich möchte Sie jedoch in keiner Weise bedrängen. Ich werde zum Sonnenuntergang jeden Abend auf der Plattform am Strandzugang auf Sie warten und würde mich freuen, wenn Sie kommen würden.

Thomas“

Anita las den Brief nochmals durch und überlegte, woher der Mann sie kannte. Ihr fiel aber niemand ein. Wer also war dieser Thomas? Vor ihrem geistigen Auge stellte sie ihn sich vor, doch kam sie zu keinem eindeutigen Ergebnis. Die männliche Gestalt blieb eine farblose Kontur, so wie jene Menschen die sie gegen die untergehende Sonne schon so oft gesehen hatte. Da sie keinen Absender hatte, konnte sie die Einladung auch nicht ablehnen. Sie ging auch nicht davon aus, dass der Unbekannte wusste, wie sie aussah. Somit würde es, wenn überhaupt, zu einem Blind Date kommen. Es lag also an ihr, ob sie gezielt an dem Treffpunkt nach ihm schauen würde. Irgendwie schien ihr die Situation doch ziemlich verrückt. Seltsamerweise spürte sie ein gewisses Kribbeln im Bauch, oder war es doch nur ihre Neugier auf den Unbekannten? Sie beschloss, nicht weiter darüber nachzudenken. Heute wäre es eh schon zu spät und sie war von der Anreise etwas erschöpft. So würde sie nur einmal kurz zum Strand heruntergehen, um einen Blick auf den Strand und das Meer zu werfen. Kaum hatte sie den Gedanken zu Ende gedacht, als sie ihn in die Tat umsetzte. Sie ging den schmalen, mit Sand überzogenen Pfad entlang. Kurz bevor sie den Zugang erreichte, kam sie an den ausladenden Kiefern und dem dahinter befindlichen Zeltbereich des Camps vorbei. Nun verengte sich der Weg etwas, bevor er sich direkt am Zugang öffnete. Hier befand sich jene hölzerne Plattform, von der aus sie einen wunderbaren Blick über den Strand und die Ostsee hatte. Andächtig und in einer besonderen Stimmung trat sie an das hölzerne Geländer. Da lag sie vor ihr: Die Ostsee mit ihren sanften Wellen und dem wolkenlosen Himmel, der sich langsam anschickte, vom Blau zu einem sanften Rot zu wechseln. In gut einer Stunde würde die Sonne hier untergehen und sie beschloss, entgegen ihres Vorsatzes, diesen Moment des Untergangs zu erleben. Schon kamen weitere Gäste hierher, um es ihr gleich zu tun, als sich einer von ihnen neben sie ans Geländer stellte und wie sie wortlos auf das Meer hinaussah. Da sie es von ihren bisherigen Besuchen kannte, dachte sie sich nichts dabei. So nahm sie den Mann nur aus den Augenwinkeln wahr und war daher erschrocken, als er sie unverhofft ansprach.

„Sie sind nicht zufällig Anita Meyer?“, hörte sie die sanfte Stimme. Sie drehte sich ihm zu und betrachtete den Unbekannten. Wer war er und woher kannte er ihren Namen? Auf den ersten Blick wirkte er ja ganz angenehm.
„Ja, ich bin Anita und wer sind Sie?
„Ich bin Thomas“ Sie war verwundert, denn nach seinen Wor-

ten hatte sie ihn sich völlig anders vorgestellt.
„Sie haben mir also den Brief geschrieben?“ Er nickte leicht.
„Ja, das habe ich und ich gebe zu, ich habe versucht, dich mir vorzustellen, aber wie ich bemerke, lag ich völlig falsch.“ Sie lachte auf.
„Wie hast du mich denn dir vorgestellt?, fragte sie nach.
„Auf jeden Fall nicht so hübsch, sofern diese Anmerkung erlaubt ist. Eher etwas fraulicher und älter.“ Wieder lachte sie auf.
„Danke für die Blumen. Auch ich hatte mir jenen Thomas eher wie einen gemütlichen älteren Herrn vorgestellt“, gab sie zu und lachte erneut.
„So lagen wir beide falsch in unseren Vorstellungen“, stellte er fest.
„Ja das lagen wir. Ich habe mich schon gefragt, woher sie mich kennen, denn ich kenne keinen Thomas.“
„Wir kennen uns auch nicht näher, sondern nur vom Telefon“, bestätigte er.
„Ach, Sie rufen also gewisse Nummern an, um Frauen kennenzulernen“, sprach sie schelmisch.
„Nein, ganz sicher nicht. So etwas lehne ich ab. Nein, du kennst mich von einem anderen Telefonat. Schließlich hast du mir Möwenort empfohlen.“ Jetzt dämmerte es ihr.
„Ah der Anrufer, der weder Luxus, noch campen wollte, bist du?“
Die Kandidatin hat 100 Punkte. Ja, der bin ich.“
„Na dann. Jetzt weißt du ja, wie ich aussehe“ Sie wollte sich bereits abwenden und das Gespräch beenden, als sich tief aus ihrem Innersten eine Stimme meldete. „Sei nicht so dumm. Nur weil du schlechte Erfahrungen gemacht hast, muss Thomas nicht auch von diesem Schlag Männer sein!“ Sie sah ihn sich jetzt genauer an. Er schien ein ganz normaler Mann, sehr schlank und gepflegt, zu sein. Zudem wirkte er in keinster Wei-

se aufdringlich, sondern eher zögerlich. Dennoch hatte er ihr den Brief geschrieben und sie um ein Treffen gebeten. Was daraus würde, musste sie einfach auf sich zukommen lassen. Sie konnte ja jederzeit nein sagen. Wie aber sollte sie ihre ablehnenden Worte korrigieren? „Du scheinst ja recht nett zu sein“, sprach sie daher beschwichtigend.
„Na, das hoffe ich doch“, lachte er. Ich bin aber nur ein Erholungssuchender wie viele andere hier auch und war nur neugierig auf dich.“ Also mit Worten kann er ja umgehen, stellte sie für sich fest. Wie würde es nun weitergehen, oder war sie bereits in eine Sackgasse geraten? Würde sie den ersten Schritt machen und dann sehen, was passierte?
„Würdest du mit mir zum Strand gehen?“, übernahm sie die Initiative.
„Herzlich gerne.“ Das waren für einige Minuten die letzten Worte. Gemeinsam, aber doch noch nicht verbunden, stiegen sie hintereinander die hölzerne Treppe hinunter und begaben sich durch den Sand hin zur Wasserlinie, wo sie stumm stehen blieben. Wozu auch Worte verwenden, wenn das Ereignis keiner Worte bedurfte. So schauten sie stumm in Richtung der untergehenden Sonne, die sich anschickte, kurz bevor sie in Wasser tauchte, optisch noch größer zu werden. Nun tauchte der Feuerball ins Wasser ein. Ein letzter Gruß zum Abschied, bevor sie für heute untertauchte. Die Menschen begannen, sich in Richtung Treppe zu bewegen und ein leichter, kühler Abendwind strich über den Strand. Schon wollte auch Thomas den Weg einschlagen, als sie ihn bat, noch einen Moment zu bleiben.
„Es war schön mit dir, das hier zu erleben. Vor allem weil du nicht gesprochen, und damit die Stimmung unterbrochen hast“, stellte sie fest.

„Ja das war es und ich hätte nie gedacht, dass es hier am Strand so schön sein würde. Sicher, ich habe es bereits, seit ich hier bin, ein paar Mal gesehen, doch heute Abend war es anders."
„Wie meinst du das anders?"

„Du warst an meiner Seite, auch wenn es sich vielleicht komisch anhört, du hast dem Ereignis etwas Magisches verliehen. Mir fallen leider keine anderen Worte ein."
„Ich verstehe auch so, was du sagen willst. Auch wenn ich es nicht zugeben will. Es hatte schon etwas Besonderes." Sie lächelte ihn an. War das der Moment eines Neubeginns, oder würde auch Thomas sie wie all die anderen ihrer verflossenen Bekannten sehen. Sie hoffte nicht. Doch wie sollte sie es herausfinden. Sie wendete sich ihm jetzt vollkommen zu. In der der nun einbrechenden Dämmerung versuchte sie, in seinen Augen zu lesen. Was stand dort geschrieben? Die Antwort sollte noch länger auf sich warten lassen. Dennoch blieb sie stehen und hoffte auf ein Zeichen von ihm.
„Dir ist sicher kalt", merkte er an und nahm seine Weste, um sie ihr umzulegen. Sie nickte dankbar. Sie bemerkte, dass sie begann, sich bei ihm wohlzufühlen. Eigentlich wollte sie ja in ihren Bungalow gehen, doch etwas hinderte sie daran. Was war das denn plötzlich? Sie kannte sich in diesem Moment nicht wieder und hoffte, es nicht zu bereuen. So blieben sie noch eine Weile wortlos stehen, bis die Nacht den Strand in Dunkelheit tauchte. Erst danach begaben sie sich, weiterhin schweigend, zur Treppe.
Oben angekommen sah er sie fragend an. Würde es ein weiteres Treffen geben oder würden sie bereits morgen eigene Wege gehen? Er hoffte nicht. Er traute sich nicht, diese Frage zu stellen, aus Angst, sie könnte nein sagen. Auch sie schien dieselbe Frage zu haben, denn sie sah ihn ebenso fragend an.
„Gerne", sprach er und beantwortete so ihre stille Frage.

Sie lächelte ihn an. Gemeinsam begab sie sich über den Pfad bis zur Rezeption, wo sich ihre Wege trennten und jeder zu seinem Quartier ging.
„Warte bitte“, hörte er sie überrascht. Er drehte sich ihr wieder zu. Ohne ein Wort zu sagen, hauchte sie ihm einen Kuss auf die Wange und ging erst jetzt davon.

In den nächsten Tagen bis zum Ende seines Urlaubs trafen sich Anita und Thomas nun täglich. Waren es anfangs nur die wunderbaren Stunden am Strand, so zeigte sie ihm ihr Bakenberg und zum Schluss auch die nähere Umgebung. So fuhren sie nach Putgarten, wo sie mit der Besucherbahn zum Kap fuhren und von dort aus in das Fischerdörfchen Vitt. Sie zeigte ihm Juliusruh und sie aßen in der alten Räucherei in Glowe Fisch. Aus ihrer Bekanntschaft begann sich mehr zu entwickeln, zumindest so viel mehr, als beide gehofft hatten. Ja, es ging so weit, dass er seinen letzten Abend bei ihr verbrachte und sie dort taten, was eben Liebende tun.

Als er am anderen Morgen an ihrer Seite aufwachte, sah sie vollkommenes Glück, aber auch tiefe Trauer in seinem Blick. Sie verstand ihn nur zu gut und nahm ihn tröstend in die Arme, um ihn zu liebkosen.

„Ob ich will oder nicht, ich muss leider los“, sprach er mit leiser Stimme, die all seine Gefühle ausdrückte.
„Ich weiß und so schwer es mir fällt, ich muss dich leider gehen lassen.“ Der Gedanke, dass er nun plötzlich fahren musste, während sie noch eine weitere Woche hier bleiben würde, gefiel ihr überhaupt nicht und verursachte ihr Magenschmerzen. Auch wenn sie noch gemeinsam frühstückten, so schmeckte es beiden nicht, da der Schmerz des Abschiedes brutal zuschlug. Als er sich kurze Zeit später mit einem innigen Kuss von ihr

verabschiedete, hätte sie ihn am liebsten festgehalten. Um sich ihre Trauer nicht anmerken zu lassen, begleitete sie ihn nicht zu seiner Unterkunft, sondern begab sich zum Strandzugang. Er sollte nicht ihre Tränen sehen. So war er gefahren, ohne dass sie es mitbekam.

In den nächsten Tagen spürte sie, wie sehr sie ihn vermisste. So gerne sie immer hier war, so bereitete ihr die Zeit ohne ihn nicht jene Freude wie einst. Daher war sie froh, als auch sie endlich die Insel verließ und sich wenige Tage später in ihre Arbeit flüchtete, um ihn zu vergessen. Vielleicht war es auch nur ein schöner Urlaubsflirt, versuchte sie sich herauszureden. Dass sie falsch lag, bemerkte sie bereits an ihrem ersten Arbeitstag. Kaum dass sie an ihren Platz gegangen war, erhielt sie von ihrem Chef einen großen Blumenstrauß. Sie sah ihn verwundert an. Womit hatte sie denn das verdient?
„Er ist leider nicht von mir, sondern wurde von einem Boten für dich abgegeben", erfuhr sie auf ihre Frage hin. Sie verstand zunächst nicht. Erst als sie den Umschlag zwischen den Blumen sah, begriff sie. Auch wenn es an der Zeit war, wieder zu arbeiten, so öffnete sie den Brief an Ort und Stelle.

Liebste Anita,
ich danke dir von ganzem Herzen für das Blind Date zum Sonnenuntergang in Möwenort. Es waren wunderschöne Tage mit dir und ich wünschte mir, sie hätten nicht geendet. Du hast mir so viel Freude geschenkt, dass ich dir diesen Strauß als kleines Dankeschön und in Erinnerung an unsere Tage in Bakenberg geschickt habe. Zu gerne würde ich mich auf eine Fortsetzung freuen, da ich dich sehr lieb gewonnen habe.

Dein Thomas

Sie sah die Blumen und den Brief. Innerlich begann sie zu jubeln, was auch ihre Kollegen, ohne dass sie es wollte, mitbekamen. Ja, ja und noch mal ja hörte sie aus ihrem Herzen. Sie bat um eine Vase um die Blumen hineinzustellen. Heute Abend würde sie den Strauß mit heimnehmen und so lange aufbewahren, bis sie verwelkt waren. Schon bemerkte sie, wie die wunderbaren Tage auf Rügen vor ihrem Auge erneut auftauchten, als das Telefon ihre Aufmerksamkeit forderte.

„Hallo, Sie sprechen mit Anita Meyer. Was kann ich für Sie tun?“, sagte sie routinemäßig ihren Satz auf.
„Hast du den Strauß erhalten?“, hörte sie seine vertraute Stimme.
„Ja das habe ich und meine Antwort auf deine Frage lautet ja!“
Sie hörte ihn erleichtert und zu gerne hätte sie das Gespräch noch fortgesetzt, doch waren private Gespräche mit Kunden nicht erlaubt und so bat sie, ihn am Abend anzurufen.
„Haben wir dann wieder ein Date?“, fragte er zum Schluss.
„Ja, das haben wir, leider jedoch nicht zum Sonnenuntergang auf Rügen“, bestätigte sie.
„Heute nicht, aber hoffentlich bald wieder“, gab er noch zu verstehen. Dass es nicht so lange dauern würde, dafür sorgte schon das Schicksal. Doch wo und wann, darüber kann sich jeder seine eigenen Gedanken machen.

Begegnung an der Mitfahrbank

Was wäre Rügen ohne seine Tankstellen. Ohne sie geht es einfach nicht, wenn man als Urlauber mobil bleiben will, es sei denn man bevorzugt die öffentlichen Verkehrsmittel. Während sie im Osten und Norden unserer Insel in vergleichbar kurzen Zeitabständen fahren, sieht das im Südwesten eher mager aus. Hier fahren mancherorts die Linienbusse nur ein paar Mal am Tag. Daher bleibt vielen nichts anderes übrig, als eben aufs eigene Auto zurückzugreifen, oder die verstärkt aufkommenden Mitfahrbänke zu nutzen, um so vielleicht schneller an einen Zielort zu gelangen. Diese neue Stilblüte der Fortbewegung hat nicht nur Vorteile für den Umweltschutz, sondern kann auch zu neuen Bekanntschaften führen.

So erging es auch Peter, einem älteren Herrn, dessen Frau vor Kurzem verstorben war. Mit seiner Elisabeth hatte er viele glückliche Jahre auf Rügen erlebt. Als sie ohne jedes Anzeichen plötzlich erkrankte, hatte er immer noch daran geglaubt, dass sich ihr Zustand verbessern würde, leider vergebens. An diesem Tag starb nicht nur sie, sondern das Wichtigste in seinem Leben. Als er sie zu Grabe trug, beerdigte er nicht nur seine geliebte, sondern auch seine glückliche Zukunft mit ihr. Aus dem einst frohen Mann, der gerne die Gesellschaft anderer genoss und stets gut gelaunt war, wurde ein einsamer Mann, der sich völlig zurückzog. Die Monate vergingen, in denen Peter keinen Sinn mehr in seinem Leben sah, da ihm das Wertvollste genommen wurde. Wozu noch weiterleben, wozu noch an etwas glauben, wenn es eh nur ein Traum war, der sich nie erfüllen würde. Wenn er nun das Haus verließ, dann nur, um notwendige Besorgungen zu machen. So verbrachte er seine Zeit mit der Hoffnung, dass er bald seiner Geliebten folgen würde. In seinen Träumen war sie immer noch in ihrer gemeinsamen Wohnung und sprach mit ihr. Er berichtete ihr von seinen Ängsten, Sorgen und Nöten, in der Hoffnung, dass sie antworten würde. Dann kam jene Nacht, die alles verändern sollte.

Wie so oft war er im Traum bei ihr. Sie saßen auf ihrer Bank im Schlosspark und bekannten sich zu ihrer Liebe, als sie ihm energisch und bestimmt den Kopf geraderückte.
„Du bist noch zu jung, um mir zu folgen! Hör auf, mir nachzutrauern, denn unsere Zeit auf Erden ist vorbei. Wir werden uns wiedersehen, wenn es so weit ist. Bis dahin, mein Geliebter, höre auf, deine Zeit sinnlos zu vertun. Fang endlich wieder an zu leben!“
„Wozu denn. Mit dir habe ich den Sinn des Lebens verloren“, konterte er.
„Weil es deine Bestimmung ist. Ich verstehe zwar deinen

Schmerz und finde es lieb, dass du an mich denkst, aber es reicht. Geh wieder raus, triff deine alten Freunde und Bekannten, oder mache, was dir früher schon Freude gemacht hat …"
„Wozu denn noch", wiederholte er erneut.
„Weil ich es möchte. Ich bitte dich, Peter, lass mich endlich gehen, denn wenn du es nicht tust, tue ich es!" Mit diesen Worten hatte sie sich im Traum von ihm abgewendet. In den nächsten Tagen erschien sie seltsamerweise nicht mehr in seinen Träumen, auch wenn er so sehr darauf gehofft hatte. War das jenes Zeichen, mit dem sie ihm klarmachte, dass er wieder leben sollte? Es schien so. Ihm wurde klar, dass sie recht hatte und so begann er, ihrem Rat zu folgen. Von nun an ging er, wann immer das Wetter es zuließ, entweder in den Park, oder nahm sein Auto, um an die vielen anderen schönen Orte und Plätze der Insel zu fahren, wo er die Stunden allein verbrachte.

An einem dieser Tage fuhr Peter wie so oft am Zirkus vorbei, wo seit Kurzem die erste Mitfahrbank der Insel steht. Bisher hatte er diese Bank nie beachtet, doch nun sah er dort eine junge Frau geduldig warten. Dass sie in Richtung Bergen wollte, sah er an dem ausgeklappten Schild, von denen es verschiedene an der Mitfahrbank gibt, und so den Autofahrern den gewünschten Zielort signalisierte. Als ob ihm seine verstorbene Frau einen stummen Hinweis geben wollte, hielt er an und öffnete die Scheibe auf der Beifahrertüre.
„Sie wollen nach Bergen?", fragte er freundlich.
„Ja, ich muss zum Bahnhof", bestätigte sie, „es würde mir aber schon genügen, wenn Sie mich bis zum Ortseingang mitnehmen würden. Den Rest des Weges kann ich ja laufen." Peter sah nun genauer hin. Die Frau schien ihm sehr angenehm und warum nicht ein wenig Gesellschaft genießen, da er eh nichts vorhatte.
„Ich kann Sie bis zum Bahnhof bringen", bot er ihr an.

„Das ist sehr nett von Ihnen. Ich habe einiges an Gepäck bei mir.“
„Das ist doch kein Problem. Packen Sie es einfach in den Kofferraum.“ Kaum hatte er die Worte gesprochen, öffnete sie auch schon die Heckklappe, um sich anschließend neben ihn zu setzen. Peter fuhr los. Während der kurzen Fahrt kam er mit der jungen Frau schnell ins Gespräch und erfuhr so auch, dass sie eine von den unzähligen Saisonkräften war, die auf Rügen als unsichtbare Helfer für das Wohlergehen der Gäste sorgten. Nun war für sie die Zeit vorbei und es hieß, Abschied von der Insel zu nehmen. Sie hoffte, dass sie im kommenden Jahr erneut hier tätig sein konnte, da sie in ihrer freien Zeit gerne an den Stränden und in den bekannten Seebädern war. Peter fühlte, wie sehr er die Gesellschaft anderer Menschen vermisst hatte und bereute es, nicht schon viel früher Kontakte gesucht zu haben. Viel zu schnell verging die Fahrt nach Bergen. Wenn es nach ihm gegangen wäre, hätte er sie auch bis nach Stralsund gebracht, nur um ihre Gesellschaft zu genießen. Er half ihr noch, ihr Gepäck zum Bahnsteig zu bringen, wo in Kürze der Zug einfahren würde.
„Haben Sie herzlichen Dank für ihre Hilfe“, bedankte sich die junge Frau.
„Das habe ich nur zu gerne getan“, erwiderte er. „Sollten Sie wieder auf Rügen sein, dürfen Sie sich gerne bei mir melden. Ich würde Sie auch hier am Bahnhof abholen“, setzte er noch hinzu, bevor er den Bahnhof verließ, um wieder in Richtung Putbus zu fahren. Dabei fuhr er bewusst am Bushof vorbei. Vielleicht gab es ja hier jemanden, der auch in seine Richtung wollte. Leider wurde seine Hoffnung nicht erfüllt. So fuhr er allein heim. Auf dem Weg spürte er, dass sich etwas bei ihm verändert hatte.

In den folgenden Tagen und Wochen fuhr er bewusst immer

wieder am Zirkus an der Mitfahrbank vorbei, um zu sehen, ob dort jemand war. Auf diese Weise lernte er viele neue Menschen, ihre Geschichten und Schicksale kennen. Mal waren es schöne Ereignisse, mal Traurige, eben die ganze Palette des Lebens, so wie er es selbst erfahren hatte. Auch stellte er fest, dass es Personen gab, die fast ausschließlich diese Möglichkeit nutzten. So wurden aus neuen Kontakten Bekannte und sogar Freunde, da er sie regelmäßig mitnahm. Keine von jenen, die er mitnahm, ahnte, dass er durch ihre Mitnahme einen neuen Sinn und eine neue Bestimmung für sein Leben gefunden hatte, denn darüber schwieg Peter lange Zeit.

So war es auch mit Lena, einer älteren, aber stets sehr elegant gekleideten Dame, die mehrfach wöchentlich nach Bergen zu ihrem Arzt musste. Als er sie das erste Mal sah, war er doch sehr erstaunt. Allein wie sie sich ausdrückte und ihre Worte formulierte, zeugte von einem sehr hohen Bildungsgrad. Sie schien jedes Wort, bevor sie es aussprach, genau bedacht zu haben, in einer Art, die ihm sehr angenehm war.

Dabei redete sie anfangs nicht viel, sondern antwortete nur zögerlich auf seine Fragen. Erst nachdem sich im Laufe mehrerer Wochen eine gewisse Vertrautheit zwischen ihnen entwickelte, begann sie, mehr von sich preiszugeben. So erfuhr er, dass sie Witwe war und lange Zeit wie er selbst sich in die Einsamkeit zurückgezogen hatte. Erst durch ihre altersbedingten Beschwerden musste sie zwangsläufig zum Arzt und da sie von einem bekannten Spezialisten in Bergen gehört hatte, begab sie sich bei ihm in Behandlung. Leider lagen die Termine oft so ungünstig, dass sie oft nicht wusste, wie sie dort hingelangen sollte, da die Busse oft nicht passend fuhren. Aus reiner Neugier hatte sie sich einst an die Mitfahrbank gestellt, in der Hoffnung so schneller nach Bergen zu kommen.

Peter verstand und er war froh, dass er es war, der sie mitnahm. Da er Zeit hatte, bot er ihr an, auf sie in Bergen zu warten, um sie anschließend heimzubringen. Nur zu gerne nahm Lena das Angebot war, jedoch mit der Bedingung, dass er sie stets am Zirkus in Putbus aussteigen ließ und sie nicht bis zu ihrer Wohnung brachte, auch wenn er zunächst nicht verstand, warum Lena es so wollte. Stets blieb sie auf einer gewissen Distanz ihm gegenüber, auch wenn er den Eindruck hatte, dass er ihr über die Monate hinweg langsam näherkam. Er spürte, dass Lena seinem Leben einen neuen Sinn gab und freute sich stets aufs Neue, wenn er sie an der Bank traf. So verging ein weiteres Jahr, ohne dass sich etwas änderte.
Erst als sie nicht wie verabredet an der Bank stand, sollte sich dieses Verhältnis ändern, denn er war es gewohnt, dass sie stets pünktlich auf die Sekunde dort auf ihn wartete. Sofort überfielen ihn Ängste und Sorgen um sie, als sie nicht erschien. War ihr vielleicht etwas zugestoßen oder gar Schlimmeres, fragte er sich, als er die leere Bank sah. In ihrem Alter konnte alles passieren. Wie aber sollte er es herausfinden, da er keine Adresse und auch keinen Nachnamen von ihr hatte. Er kannte sie eben nur als Lena. Nicht mehr und nicht weniger. Er dachte weiter. War es überhaupt nicht ihrer wahrer Name. Versteckte sie sich gar aus einem unerfindlichen Grund hinter einem Künstlernamen, um ihre Identität zu schützen? Warum vertraute sie ihm nicht, er, der ihr doch zeigte, dass er sie schätzte? Fragen über Fragen, doch keine Antworten. Sicher, er hatte einiges von ihr erfahren, doch blieb sie ja stets unverbindlich und erlaubte ihm keine tieferen Einblicke in ihr Leben. Aus Sorge um sie tat er nun etwas, was er sonst nie tat. Er begann, sich nach ihr zu erkundigen, doch niemand schien Lena zu kennen. Dabei war sie doch allein durch ihr Erscheinungsbild und ihre Art fast unverkennbar. Je länger er recherchierte, umso mehr schlich sich bei ihm ein ungutes Gefühl ein. Führte Lena etwa ein

Doppelleben? War sie in Wirklichkeit eine völlig andere Person, die es geschickt verstand, ihr Geheimnis zu wahren? Hatte sie vielleicht gar eine dunkle Vergangenheit, die sie hinter der Mauer ihrer Unverbindlichkeit verbarg? Allein der Gedanke ließ ihn nicht mehr los. Je öfter er nun die weiße Stadt nach ihr durchsuchte, umso stärker wurde das Gefühl. Wer war Lena? Lebte sie vielleicht gar nicht hier in Putbus, sondern in einem der Nachbarorte? Er begann seine Suche auszudehnen, aber weder in Lauterbach, noch in Neuendorf oder Lonvitz und anderen Orten kannte man sie. Sie blieb unauffindbar. Langsam, aber sicher machte sich bei ihm Enttäuschung breit. Warum sollte er noch länger nach ihr suchen, wenn sie bewusst den Kontakt mied. So gab er letztendlich auf und versuchte, auf andere Gedanken zu kommen. Doch egal, wo er auch war, immer schien Lena geistig anwesend zu sein. Ihm wurde klar, dass er sie sehr vermisste. Die Stunden mit ihr fehlten ihm und genau das wunderte ihn zunächst. Dann aber kam er zu der Erkenntnis, dass er gerne den Rest seines Lebens mit ihr verbracht hätte. Noch einmal im Alter jemanden finden, der zu einem stand. Noch einmal geistig jung sein, auch wenn die körperlichen Gebrechen ihm jeden Tag zeigten, dass er eben keine dreißig mehr war. Allein das Gefühl zählte und darum war er umso trauriger, da dieser Traum wohl zerplatzt war.
Nach dem Tod seiner Frau zog er sich in sein Schneckenhaus zurück. Irgendwie machte das Leben doch keine Freude mehr. Er verließ das Haus nur noch, wenn es unumgänglich war. Die Schatten auf seiner Seele wurden mit jedem Tag länger und schon schien es, als würden sie für den Rest seiner Tage ihn in Dunkelheit tauchen, um sein Leben sinnlos zu fristen. Jeder Lebensmut schien erloschen, da es ihm sinnlos erschien, noch weiter zu leben. Doch schien das Schicksal ihn nur prüfen zu wollen, um ihm so zu zeigen, dass es ganz eigene Pläne hatte.
Als er notgedrungen wieder einmal in Richtung der Inselhaupt-

stadt am Zirkus vorbei musste, glaubte er einen Geist dort an der Mitfahrbank zu sehen, denn dort stand seine Lena. Wie immer war sie elegant gekleidet, was bedeutete, dass sie ein helles, reich besticktes Sommerkleid trug. Sofort schlugen die Erinnerungen an vergangene Tage zu. Eigentlich wollte er aus Enttäuschung durch ihr Verhalten schon achtlos an ihr vorbeifahren, als sie ihm freudig zuwinkte. Damit hatte er nun gar nicht gerechnet und hielt an.
„Würdest du mich nach Bergen mitnehmen?“, fragte sie zögerlich. Schon wollte er ablehnen, doch eine innere Stimme ließ ihn stattdessen schweigen. So sah er sie nur schweigend an, was sie sofort bemerkte.
„Würdest du mich mitnehmen?“, fragte sie erneut in schüchternem Ton. Statt zu antworten, öffnete er wortlos die Beifahrertür. Sie stieg ein und sah ihn nun einfach nur an. Kaum dass sie die Türe geschlossen und sich angeschnallt hatte, fuhr er auch schon an. Schon schien es so, als ob es eine sehr stille Fahrt werden würde, als sie ihn überraschend bat, an der nächsten Möglichkeit anzuhalten. Wollte sie etwa aussteigen? Hatte sie etwa erkannt, dass er es bereute, sie mitgenommen zu haben? Er kam ihrem Wunsch nach. Nun erst wendete sie sich ihm zu und sah ihm tief in die Augen.
„Ich weiß, dass ich dir sehr weh getan habe“ gestand sie, „aber ich hatte meine Gründe“ begann sie.
„Welche Gründe?“, fragte er nach und hoffte auf eine ehrliche Antwort. Bevor sie sprach, schien sie noch tiefer in seine Augen vordringen zu wollen.
„Ich sah dich zunächst nur wie einen meiner vielen Bekannten oder Freunde“, begann sie. „Bei unserer letzten Begegnung jedoch spürte ich, dass ich weit mehr für dich empfinde als nur Freundschaft. Bevor du mir ins Wort fällst, lass es mich erklären. Ich spürte, dass ich dabei war, mich in dich zu verlieben und genau davor hatte ich Angst. Du weißt, dass ich meinen

Mann verloren habe, mit dem ich viele Jahre eine glückliche Ehe verbrachte. Als er starb, wäre ich ihm am liebsten ins Grab gefolgt. Doch du hast mir gezeigt, dass es sich lohnt zu leben. Um nicht erneut dieses Gefühl des Abschieds erleben zu müssen, habe ich mich zurückgezogen. Peter, ich liebe dich, auch wenn ich es nicht möchte! Liebe im Alter, das sind doch nur Märchen, aber doch nicht die Realität. Zu meiner Schande muss ich mir eingestehen, dass ich mich irrte und es nicht wahrhaben wollte. Darum habe ich die Mitfahrbank gemieden und nach anderen Wegen gesucht. Ich wollte dich, aus Angst dich zu verlieren, nicht wiedersehen. So, nun kennst du den wahren Grund." Sie schwieg und senkte schuldbewusst ihren Kopf. Er hingegen sah sie an. Wenn es stimmte, was sie sagte, wenn diese Worte tief aus ihrem Herzen kamen, dann würde er sie verstehen und ihr Verhalten verzeihen. Schließlich ging es ihm nicht anders.

„Ja, ich kann dich verstehen, aber warum hast du es mir nicht ehrlich gesagt. Wir hätten doch über alles reden können."

„Weil ich Angst vor mir selbst hatte, Peter!"

„Angst vor der Wahrheit, oder Angst vor dem Gefühl?"

„Vor beidem!" Er sah sie an und als ob ihn jemand lenkte, nahm er ganz zärtlich ihre Hände in die seinen.

„Ach Lena, oder wie immer du auch heißen magst. Was ist denn so schlimm daran? Haben wir älteren Menschen nicht auch ein Recht auf Gefühle. Dürfen wir Älteren uns nicht noch einmal verlieben, nur weil der Tod uns eine Liebe genommen hat? Ich glaube, das Schicksal weiß schon, was für uns gut ist. Sollte es eine Liebe sein, die wir miteinander teilen, dann ist dem so. Ich für meinen Teil bin dazu bereit." Dann berichtete er, was er alles unternommen hatte, um sie zu finden. Auch dass er bereits aufgegeben hatte und fast in einen Abgrund gestürzt wäre. Mit jedem Wort, das er sprach, spürte sie, wie sehr es sie schmerzte. Stumm bat sie um Verzeihung für das, was sie ihm angetan hatte. Nachdem er geendet hatte, sah sie ihm erneut tief in die Augen. Dabei bemerkte er diesen besonderen Glanz in den ihren. Plötzlich war sie nicht mehr die ältere, elegante Dame, sondern verwandelte sich geistig in eine junge Frau, die das Leben und die Liebe liebte. Sie beugte sich zu ihm herüber und küsste ihn so leidenschaftlich, als gäbe es kein Morgen mehr. Damit hatte er nun wirklich nicht gerechnet. Zugleich verflogen alle seine Bedenken und dementsprechend innig war seine Erwiderung. Die Sonne verbrannte die Schatten der letzten Wochen, der graue Himmel wich der Freude und sein Herz jubelte. Als sie sich voneinander lösten, sahen sie sich mit andern Augen an. Die Jahre des Alters schienen aus ihnen verschwunden zu sein, um der jugendlichen Frische und der Freude am Gefühl innigster Liebe Platz zu machen. Was bedeuten schon die Jahreszahlen, wenn das Herz noch jung ist. Sie werden einfach fortgewischt und zur Bedeutungslosigkeit! Liebe im Alter ist eben kein Märchen, das erkannten die beiden nun auf die wohl schönste Weise, die man sich vorstellen kann. Ihre Herzen schienen das längst zu wissen und so blieb es nicht aus, dass alle Bedenken über dieses unbeschreibliche Glück verflogen.

„Willst du immer noch nach Bergen?“, fragte er sie urplötzlich.

„Nein, ich möchte dahin, wo wir unser Glück fortführen können. Sicher, gewisse Dinge werden anders sein, wie bei einer jungen Liebe, aber auch das gehört dazu“, gab sie zu verstehen. Er nickte zustimmend.

„Wie wäre es denn, wenn wir nach Binz fahren, um dort auf der Promenade ein wenig zu flanieren?“

„Die Idee gefällt mir zwar sehr, doch möchte ich lieber mit dir an einen Ort fahren, wo wir zwei allein sind und dort fortfahren, wo wir eben aufgehört haben.“ Er verstand und startete den Motor. Statt also nach Bergen zu fahren, fuhr er in die Nähe von Litzow. Am Parkplatz direkt am Bodden hielt er an und bat sie auszusteigen. Lena sah ihn erstaunt an. Was sollten sie ausgerechnet hier? Sie fragte ihn, doch statt einer direkten Antwort sagte er nur: „Warte es doch ab.“ Sie stiegen aus, um nun Arm in Arm den Weg am Bodden entlangzugehen. Nach einiger Zeit erreichten sie eine abgelegene Stelle am Steilufer. Hier hielt er an und sah ihr tief in die Augen.

„Liebste Lena“, begann er zu erklären. „Hier, wo der Bodden fast wie das Meer grenzenlos aussieht, kann ich dir am besten erklären, warum ich dich hierher geführt habe. So wie es hier keine Grenzen geben mag, so möchte ich dich lieben. Nicht nach einem Horizont suchen, der den Blick eingrenzt, sondern einfach die endlose Weite und das endlos tiefe Gefühl zu dir, ist es, das ich fühle. Schau hinaus und du wirst vielleicht verstehen, was ich ausdrücken will.“ Sie tat es und verstand. Ja, so sollte es sein, wenn man liebte. Keine Grenze, niemals die Frage nach dem Sinn, warum es so ist, sondern einfach nur den Moment genießen. Das war es, was er ihr sagen wollte. Kein Wort über die Zukunft, sondern nur das Gefühl in der Gegenwart auskosten, so lange es ging. Sie drehte sich wieder ihm zu. „Ich habe verstanden“, sprach sie leise und voller Zärtlichkeit, bevor sie ihn wieder küsste. Er lächelte nur und hielt sie fest. Das Leben hatte ihnen einen neuen Sinn geschenkt.

Von nun an waren die beiden unzertrennlich. So erfuhr er auch ihre wahre Identität, über die ich hier jedoch schweige, da sie nur die beiden etwas angeht. Fest steht jedoch, dass sie ihr Glück fanden, das bis heute anhält. Wer immer die beiden aus dieser Geschichte auch sein mögen, Ihr werdet sie wieder erkennen, wenn ihr sie seht, denn ihr Glück ist unübersehbar,

Ein Rügengedicht

Perle der Ostsee wirst du genannt,
bist in aller Welt bekannt.
Du bist beliebt bei Jung und Alt,
im Sommer warm, im Winter kalt.

An deiner Schönheit man sich erfreut
und so sicher nicht bereut,
zu Gast zu sein an Land und Strand,
in unserem schönen Rügenland.

Weiß und blau die Farben sind,
das Grün der Wiesen noch geschwind.
Fertig ist die Farbenpracht,
die für Rügen wurd gemacht.

Ruhe und Gelassenheit
sich machen hier im Urlaub breit,
wenn Mensch du kommst an deinen Ort,
wo du willst so schnell nicht fort.

In Binz, Sellin und anderswo,
da wird der Mensch rasch wieder froh.
Die Seele hier zur Ruhe fand,
an deinem wunderschönen Strand.

Der Dichter schrieb, von dir verzückt,
weil er der Zeit war so entrückt.
Schrieb Vers und Zeilen schnell hernieder,
als er sich fand auf Rügen wieder.

Am End er kam dann zu dem Schluss
das Rügen man besuchen muss.

Nachwort

Damit endet meine kleine literarische Reise quer über die Insel Rügen. Es konnte nur ein kleiner Ausschnitt sein und sollten Sie, liebe Leser, Interesse an weiteren Geschichten haben, so lassen Sie es mich wissen. Ich bin mir sicher, mir fallen noch viele weitere schöne Sagen und Geschichten zu meiner Sonneninsel ein.

Ja, ich bezeichne Rügen als solche Insel, denn hier habe ich gefunden, was im Grunde jeder Mensch sucht, Ruhe und Frieden. Dieses Recht sollte jeder haben, doch leider ist es kaum möglich, oder wird uns verwehrt. Gerade das Jahr 2020 zeigte uns doch, wie wir bevormundet und reguliert werden. Ich werde darauf jedoch nicht weiter eingehen, sondern habe meine ganz persönliche Meinung, zu der ich auch stehe.

Daher war es mein Anliegen, ein Buch über die schönen Sachen zu schreiben. Mal keine Gewalt, sondern einfach nur über Liebe und Sehnsüchte, die wir alle doch so sehr ersehnen. Einfach mal der Seele Raum zum Atmen geben, einfach mal der Stimme des Herzens folgen. Genau das habe ich mit diesem Buch getan und wünsche mir, dass es Ihnen auch so geht. Wenn es mir gelungen ist, diese Flamme zu entzünden, dann hat es genau das erreicht, was ich erreichen wollte, Ihnen für eine kurze Zeit einen Ort zeigen, an dem es sich leben lässt. Meine Insel Rügen!

Ihr und euer

John Barns

Mehr von John Barns bei DeBehr

DAS Drachen-Vor- und Selberlesebuch für Kinder ab 3 bis 9 Jahren. Mit spannenden Geschichten der geflügelten Helden. Der erfolgreiche Kinderbuchautor John Barns erzählt humor- und liebevoll und nicht ohne Hintersinn. Vergnügliche, komische, merkwürdige und überraschende Abenteuer mit den märchenhaften Feuerspeiern.

100 Seiten Taschenbuch, ISBN: 9783944028743, Preis: 9.95 EUR

Es war einmal ein Drache, den niemand sehen konnte. Nur sein Schatten, der war so groß und so furchteinflößend, dass alle Menschen davonliefen, sobald er aus dem Nichts auftauchte. Bald wollten die Leute hinter das Geheimnis des rätselhaften Schreckens kommen. Auch gab es zu dieser Zeit einen Drachen, der Blumen mochte. Und ein Drachenmädchen, das auszog, die Liebe zu finden. Und noch viele andere geflügelte Wesen bevölkerten unsere Welt. Von ihnen erzählt dieses Buch. Für Kinder ab 4 bis 11 Jahre, auch für Erstleser besten geeignet.

92 Seiten Taschenbuch, ISBN: 9783957532220, Preis: 9.95€

Eine kleine Ameise wird von allen gemieden, weil sie ein Holzbein hat, welches fürchterlichen Krach macht. Wird sie jemals ihr Glück finden? Der größte Wunsch eines Schneemannes ist es, ein ganzes Jahr zu erleben. Geht er in Erfüllung? Die kleine Katze scheint sehr krank zu sein - wird sie wieder gesund? Im Garten findet ein Mann eine winzigkleine Mütze. Wem gehört die nur? Dreizehn wundervolle spannende und zugleich philosophische Geschichten aus aller Welt für Kinder von 4 bis 12 Jahren hat John Barns zu Papier gebracht. Unterlegt mit kindgerechten Grafiken.

ISBN: 9783939241522, Preis: 9.95 €

Geschichten und Märchen zum Einschlafen für Kinder, Eltern und Großeltern. Abenteuer mit dem Herrn der Zeit und dem Drachen Nepomuk, Rätsel um die verschwundene Jungfrau Immerschön, ein Hund als treuer Gefährte und viel mehr findet sich in diesem Buch. Die Helden John Barns laden zum Weiterträumen ein. Für eine Gutenachtgeschichte ist immer Zeit, mit Grafiken. Märchen und Geschichten zum Mitfühlen, Lachen, Träumen und Staunen. Empfohlen für Kinder, Familien, Kindergärten und Grundschulen.

108 Seiten Taschenbuch, ISBN: 9783944028637, Preis: 9.95 €

John Barns erzählt die wundervollsten Gutenachtgeschichten aus aller Welt! Der kleine Hannes lebt nur auf dem Papier, denn sein Vater war ein Schriftsteller. Das Mädchen Sonjö wird von einer Hexe von zu Hause fortgeführt. Drei Prinzessinnen machen ihren Vater, den König, sehr traurig. Ein Kaufmann erwirbt eine wundersame Truhe. Diese und mehr spannende Geschichten und Märchen zum Vor- und Selberlesen in großer Schrift hat John Barns zu Papier gebracht. Mit Bildern, für Kinder ab 4 bis 11 Jahre.

96 Seiten Taschenbuch, ISBN: 9783957530707, Preis: 9,95 €

Drachenkinder haben es nicht leicht. Genau wie die Kinder der Menschen müssen auch sie sehr viel lernen. Nur geht es bei den geflügelten Helden oft spannender und gefährlicher zu. Sie müssen fliegen lernen, ihren Mut beweisen, Ausdauer und Kraft trainieren. Von all dem und vielem mehr erzählen die Geschichten in diesem Buch. Willkommen in der Welt, der Drachen, willkommen im Abenteuer.

96 Seiten Taschenbuch, ISBN: 9783957532442, Preis: 9.95 €

Mit aller Kraft begann ich, die Schale meiner Behausung zu durchbrechen. Endlich knackte mein Ei, in welchem ich herangewachsen war, auf. Ich schob den Kopf ganz vorsichtig aus dem Loch in der Eischale und blickte hinaus. Und da sah ich sie - meine Familie. So kam ich auf die Welt. Und sogleich sollte auch das Abenteuer meines Lebens beginnen. Denn ein Drachenleben ist niemals langweilig... Spannende Geschichten aus der Kindheit eines Drachens von John Barns, ab 4 bis 12 Jahre. Auch für Erstleser bestens geeignet.

92 Seiten Taschenbuch, 9,95 €, ISBN: 9783957532664

Der Drache Dragon ist unruhig. Es zieht ihn mit aller Kraft hinaus in die Welt auf eine geheimnisvolle Reise. Er muss herausfinden, was seine Bestimmung ist. So verlässt er sein Zuhause, seine Dracheneltern und die Höhle, in der er aufgewachsen ist. Alsbald erwarten ihn spannende Abenteuer, wundervolle Freundschaften und Magie. Denn ein Drachenleben ist niemals langweilig... Spannende Drachen-Geschichten von John Barns, für Kinder ab 4 bis 12 Jahre. Auch für Erstleser bestens geeignet.

100 Seiten Taschenbuch, 9,95 €, ISBN: 9783957533012

Band 5 der beliebten Saga rund um den sanftmütigen Drachen Dragon. Sehnsüchtig wartet dieser auf die Aufdeckung um das Geheimnis der wundersamen Veränderung seiner Gefährtin Tukimuk. Währenddessen erzählt Dragon Abenteuer von Drachen aus aller Welt. Das größte Abenteuer jedoch steht ihm selbst bevor - er wird Vater! Und als Tukimuk dieses Geheimnis endlich gelüftet hat, heißt es auch schon umziehen, denn Drachenbabys werden vom Feuer eines Vulkans ausgebrütet - und so einen Vulkan muss man erst einmal finden.

108 Seiten Taschenbuch, 9,95 €, ISBN: 9783957533340

Drache Dragon lebt im Land seiner Ahnen. Große Aufgaben liegen vor ihm, denn es ist nun an ihm, die Drachenburg zu führen. Dabei muss er auch den Frieden mit den Menschen aufrechterhalten, was nicht immer einfach ist. Zudem wird Dragon bald auf Reisen gehen. Seinen Weg werden geflügelte Gefährten kreuzen, deren Weisheit er in sich aufnehmen wird. Band 4 der beliebten Saga um Drache Dragon rund um den sanftmütigen Drachen Dragon.

108 Seiten Taschenbuch, 9.95 €, ISBN: 9783957533418

Drache Dragon ist Vater geworden. Vater zu sein, ist gar nicht so leicht. Dragon kümmert sich liebevoll um seine drei kleinen Drachenkinder und seine Frau Tukimuk, ist er doch für seine Familie verantwortlich. Und seine Babys brauchen endlich einen Namen. Der dichtende Drache Dragomier indes interessiert sich sehr für Bücher, Vesuvia ist die gute Drachin von Pompeji und der Frieden mit den Menschen muss aufrechterhalten werden. Band 6 der beliebten Saga rund um den sanftmütigen Drachen Dragon und seine geflügelten Gefährten.

120 Seiten Taschenbuch, 9.95 €, ISBN: 9783957539205

Ich betrat den Boden von Taipeh, was für eine fremde Welt! Um mich herum brodelten Menschenmassen, die sich geschäftig durch die Gassen schob. Bald darauf stellten mich unsere Gastgeber einer Frau vor, die mir schon beim ersten Augenaufschlag tief in die Seele zu blicken schien – sie war eine Berühmtheit in dieser Stadt, To Jang, Herrin des Maika-Hauses, Gebieterin über viele Geishas. Diese Begegnung bildete den Beginn einer unglaublich sinnlichen Reise in die Gefilden außergewöhnlicher asiatischer Liebeskunst. In seinem neuen Werk entführt der Autor John Barns seine Leser in die Welt der sagenumwobenen Geishas, in ihre Rituale. „Dieses Buch brilliert durch ein Feuerwerk der Worte und den Sturm der Gefühle. Was der Autor erleben durfte, klingt so unwahrscheinlich und ist doch so real …“ So schrieb ein bekannter Buchkritiker über dieses Buch: „Erleben Sie die Welt des Miyako Odori, seien Sie hautnah beim Ritual des Mizuage dabei, begleiten Sie John Barns ins Maika-Haus. Erfahren Sie die wahre Geschichte der Geishas, die Fremden normalerweise verwehrt bleibt.“
Taschenbuch, 404 Seiten, Preis: 14.95, ISBN: 9783957536242

Meinen wahren Namen kennen nur wenige Menschen. Mein Künstlername hingegen war lange Zeit als Natalie in der Szene bekannt. Er war mein zweites Ich, meine Rüstung und mein Schutz, denn ich war ein Freudenmädchen, eine Prostituierte. Eine Frau, die ihren Körper für Geld verkaufte, eine Frau, die sich nach der grenzenlosen Freiheit sehnte und in der Hölle landete... Als die junge Natalie aus Lettland im Urlaub auf Menorca Herrmann kennenlernt, verliebt sie sich Hals über Kopf. Der smarte Deutsche umwirbt sie, verwöhnt sie, lädt sie zu sich nach München ein. Mit der Landung des Flugzeuges aus Vilnius beginnt für die junge Frau ein Alptraum. Sie ist nur eine von vielen Belogenen, die für die Arbeit in Bordellen mit falschen Versprechungen angelockt werden. Hilflos gerät Natalie in die Fänge des Rotlichts, das stets nach „Frischfleisch" giert. Eine wahre Geschichte um Lügen, Gewalt, Unmenschlichkeit, aber auch Zusammenhalt, Hoffnung und Mut.
346 Seiten Taschenbuch, Preis: 12.95, ISBN: 9783957534637

2004: Im Kitt Peak National Observatory auf Hawaii wird eine besorgniserregende Beobachtung gemacht - ein Komet, der bald den Namen Apophis tragen soll. Berechnungen zufolge schlägt er 2029 auf der Erde ein. In den kommenden Jahren arbeiten Wissenschaftler, unter ihnen auch John Carter, mit Hochdruck an einem Schutz des Planeten vor der Zerstörung, doch alle Forschungen offenbaren stets nur die Ohnmacht der Menschheit gegenüber der drohenden Gefahr.
Bald kreuzt Apophis die Erdumlaufbahn. Die Menschheit bereitet sich auf den Impact vor. Die Apokalypse steht unmittelbar bevor. Und auch John Carter rechnet mit dem Schlimmsten...
HOCHSPANNUNG verspricht dieser Roman, der die reale Bedrohung unseres Erdballs im Jahr 2029 thematisiert und sich auf wissenschaftliche Recherchen und Fakten stützt.
276 Seiten, 12,95 Euro, ISBN: 9783957531131

Im Jahr 1974 sendete die Menschheit trotz Warnungen namhafter Wissenschaftler Nachrichten über die Existenz unserer Rasse ins All. Fünfzig Jahre später liegt die Erde in Schutt und Asche. Damals suchten wir nach anderen Zivilisationen. Ja, es gibt sie, und sie machten sich auf den Weg zu uns. Ich war einer der wenigen, die nicht ermordet wurden, die nicht als Futter für andere Wesen endeten. Man entführte mich, nahm mich als Sklave mit in die Tiefen der Galaxis, hin zu fremden Welten. Meine Herren waren Räuber, die andere Planeten überfielen. Lassen Sie mich Ihnen davon berichten...
352 Seiten Taschenbuch, 12,95Euro, ISBN: 9783957532749

Als es den Mond aus seiner Bahn warf, unser Trabant von der Erde weg triftete, war wieder ein Schritt des Untergangs der Menschheit vollzogen. Auch unser Planet würde unweigerlich vernichtet werden. Die Sonne tobte, der Stern, der uns das Leben geschenkt hatte, Wärme und Licht gab, würde sich aufblähen, alles Geschaffene verschlingen, in einem riesigen Feuerball. Einige Auserwählte sollten gerettet werden, auf Fähren in die Tiefen des Alls transportiert das Erbe der Menschheit erhalten, irgendwo neu siedeln, neue Welten erkunden. Doch die armen todgeweihten Teufel, die es nicht wert waren, am Leben zu bleiben, die Masse der Bewohner unseres Planeten, reagierte wie befürchtet. Chaos und Gewalt gewannen die Oberhand, Anarchie regierte, wohin man sah. Die Urangst der Menschheit wird Realität. Ein wissenschaftlich hervorragend recherchierter Roman.
322 Seiten Taschenbuch, 12,95 Euro, ISBN: 9783957533708

In der Pyramide von Tenochtitlan in Mexiko - Gespannt drangen die Forscher von der Spitze des Bauwerks in jene geheimnisvolle Welt ein, die über Hunderte von Jahren kein Mensch mehr betreten hatte. Der Weg führte über eine steile, ausgetretene Treppe gewunden in die Tiefe. Ein modriger Geruch machte die Erkundungen nicht gerade angenehmer. Zwar wusste man, dass auf diesem sakralen Bauwerk einst Menschenopfer gebracht wurden, doch hoffte man insgeheim, keine Überreste jener grauenvollen Zeremonien zu finden. Je tiefer man in das Innere eindrang, umso rätselhafter wurde es. Nach gut einhundert Metern endete die Treppe vor einer steinernen Wand. Niemand der Anwesenden ahnte, dass sie bald etwas zu sehen bekämen, das all ihr Wissen über die Azteken über den Haufen werfen würde. In der Geschichte der Menschheit gibt es immer wieder Ereignisse, die uns selbst in der modernen Zeit zum Erstaunen und Nachdenken bringen. Wie konnten die uralten Zivilisationen so genau die Umlaufbahnen der Planeten berechnen? Wieso sind die Pyramiden von Gizeh auf den hundertstel Millimeter genau auf die Gürtelsterne des Orion ausgerichtet und das ohne die modernen Hilfsmittel?
308 Seiten Taschenbuch, 12,95 Euro, ISBN: 9783957534354

„Papa, du bist ein Sklaventreiber!“ Da waren sie wieder, die Worte meiner Tochter, die auch den Lippen meiner Schwiegermutter gern entfleuchten. War denn meine Bitte, das Zimmer ein wenig lebenswerter aufzuräumen, so unangebracht? Wir saßen im Haus meiner Schwiegereltern fest – mit unseren kleinen Kindern. Diese Situation entsprach keinesfalls unserer Lebensplanung, doch erstens kommt es anders, und zweitens als man denkt. Meine Frau arbeitete, während ich Feinheiten in der Küche und im Haushalt ausbaute. Ich blieb daheim, während sie im vollen Leben stand. In dieser Zeit spürte ich ein neues Gefühl. Es war eine Art Leere in mir, die mich übermannte. Irgendwie schien mir die Lust am Leben allmählich zu vergehen. Wie eine schleichende unsichtbare Krankheit veränderte sich mein Gemütszustand. John ist Hausmann wider Willen. Die vorsichtigen ersten Schritte, sich den Haushalt Untertan und die Kinder gefügig zu machen, sind bekanntermaßen die schwersten. Mit Humor, Augenzwinkern und jeder Menge Vaterwitz erzählt der Autor aus der wohl schwierigsten Zeit seines Lebens.
150 Seiten Taschenbuch, 10,95 Euro,
ISBN: 9783957536235